The Three Kingdoms 삼국시대

삼국지를 제대로 이해하기 위해서는 삼국시대 이전 중국의 역사를 간략하게라도 알 필요가 있어 개괄해보기로 한다. 중국은 신화시대인 삼황오제 시대를 거쳐 하나라, 상나라(은나라: 19대 임금 반경이 은(殷)에 수도를 정한 이유로 은나라로 부르기도 함), 주(周)나라로 이어지는 고대시대를 겪는다. 주나라는 무왕이 상나라 폭군 주(紂)왕을 죽이고 상나라를 무너뜨린 뒤 호(후세의 장안)에 도읍을 정하는데 호가 나중에 나오는 도읍인 낙읍(낙양 부근)보다 서쪽에 있었기 때문에 이때를 서주시대라 한다. 왕들이 교체되면서 계속 되던 서주시대는 유왕이 미녀 포사에 홀려 폭정을 펼치다 견융족의 침략을 받고 그 와중에 죽음을 당하면서 끝난다. 새로 왕이 된 평왕은 도읍을 낙읍에 정하니 이때부터가 동주시대이며 이후 주나라의 세력은 계속 쇠퇴해간다. 동주시대에 이르러 왕은 힘을 잃고 대신 세력이 강해진 제후들이 패권을 놓고 다투기 시작한다. 1000여 개의 제후국들이 난립하며 춘추(春秋) 오패(五霸)라 불리는 다섯 국가의 패자들이 번갈아 패권을 차지하는데 이때를 특히 춘추시대라 한다. 이때 주나라는 여전히 존재하나 그 왕은 명목상의 왕일 뿐이었다. 춘추시대의 수많은 제후국들이 멸망하고 살아남은 제(齊), 초(楚), 진(秦), 연(燕), 위(魏), 한(韓), 조(趙)의 7개 국이 패권을 다투던 시기를 전국(戰國)시대라 하며 이 일곱 나라를 특히 전국칠웅(戰國七雄)이라 부른다. 이 7개국을 진나라의 시황제 영정(嬴政)이 통일하면서 주나라와 춘추전국시대까지의 이른바 중국 고대시대는 막을 내린다. 진나라는 15년 만에 멸망하고 유방과 항우가 중국천하를 놓고 다투다가 유방이 승리하면서 진의 뒤를 이어 통일제국 한나라가 들어서 200여 년을 지속한다. 그러다 왕망(王莽)이 한나라를 멸망시키고 신(新)나라를 세우는데 신나라는 17년 만에 유방의 후손 광무제(光武帝) 유수(劉秀)에 의해 멸망되어 다시 한나라가 들어선다. 그래서 유방이 세운 한나라를 전한(前漢)이라 하고, 광무제가 세운 한나라를 후한(後漢)이라 한다. 전한은 서쪽 장안에 도읍을 세워 서한(西漢)이라고도 하고 후한은 동쪽 낙양에 도읍을 두었으므로 동한(東漢)이라고도 한다. 다시 200년 가까이 이어지던 후한이 어지러워지며 멸망을 향해 치달아가니 이 후한말이 삼국지가 시작되는 배경이다.

Romance of the Three Kingdoms

국내 최초 영한대역 삼국지
Romance of the Three Kingdoms 9

초판 1쇄 인쇄 2012년 2월 1일
초판 1쇄 발행 2012년 2월 22일

지은이 지민준
펴낸이 김선식

Chief Editing Creator 박경란
Editing Creator 김희정
Design Creator 김태수

1st Creative Editorial Dept. 박경란, 신현숙, 김희정, 이 정, 송은경
Creative Marketing Dept. 이주화, 원종필, 백미숙
  Communication Team 서선행, 김선준, 전아름, 이예림
  Contents Rights Team 이정순, 김미영
Creative Design Dept. 최부돈, 황정민, 김태수, 박효영, 이명애, 손은숙, 박혜원
Creative Management Dept. 김성자, 송현주, 권송이, 김민아, 류수민, 윤이경, 김태옥
Outsourcing Illustrator 인물 일러스트 최하람, 배경 일러스트 이기수

펴낸곳 (주)다산북스
주소 서울시 마포구 서교동 395-27번지
전화 02-702-1724(기획편집) 02-703-1725(마케팅) 02-704-1724(경영지원)
팩스 02-703-2219
이메일 dasanbooks@hanmail.net
홈페이지 www.dasanbooks.com
출판등록 2005년 12월 23일 제313-2005-00277호

필름 출력 스크린그래픽센타 **종이** 한솔PNS **인쇄 · 제본** (주)현문

ISBN 978-89-6370-590-3 14740
      978-89-6370-581-1 (전20권)

· 책값은 표지 뒤쪽에 있습니다.
· 파본은 본사와 구입하신 서점에서 교환해드립니다.
· 이 책은 저작권법에 의하여 보호를 받는 저작물이므로 무단 전재와 복제를 금합니다.

Romance *of the* Three Kingdoms

Battle of Red Cliffs
적벽대전
CHAPTER 49~54

Written by Luo Guan Zhong, Mao Zong Gang
Translated in English by C.H. Brewitt-Taylor
Edited and translated in Korean by Ji Min Jun

BEYOND
A·L·L

감사의 말씀

영한대역 삼국지를 출간하는 데 삼국지의 원저자인 나관중, 그리고 현대 삼국지의 저자로 보아도 손색이 없을 모종강과 영문 번역자인 Charles Henry Brewitt-Taylor를 잊을 수는 없을 것이다. 역자가 영문에 관해 자문을 구할 때마다 성실히 응해준 영어원어민 친구들은 이 책의 완성에 큰 도움이 되었는데 그중에서도 특히 Chester Mackey 씨로부터 많은 도움을 받았다. 영한대역 삼국지의 영문들이 깔끔해졌다면 모두 이들이 도와준 덕이지만 혹시라도 미비한 점이 있다면 그것은 모두 역자의 책임임을 밝혀둔다.

    길고 어려운 작업의 와중에 언제나 역자를 격려하고 지원해준 가족과 지인들에게도 이 자리를 빌려 감사를 표하고 싶다. 또한 책의 출간을 흔쾌히 허락해 주신 다산북스의 김선식 사장님께 무한한 감사의 말씀을 전한다. 그리고 함께 고생하며 애써주신 다산북스 식구분들 모두와 책의 인쇄, 제본 등의 과정에서 도움을 주신 분들께도 고마움을 전한다. 영한대역 삼국지는 이 모든 분의 도움이 없었다면 결코 세상에 태어날 수 없었을 것이다.

이 책을 부모님께 바친다.

지민준

국문판 편역자 서문

영어에 대하여

- 뭔가를 잘하게 되는 가장 좋은 방법의 하나는 실제 그 분야에서 뛰어난 사람들을 그대로 따라 해보는 것이다. 바로 벤치마킹(benchmarking)을 하라는 것인데 영어도 마찬가지이다. 즉 영어를 잘하는 사람들을 그대로 따라 해보는 것이 영어를 잘하게 되는 비결이다. 그렇다면 영어를 잘하는 사람들은 뭘 어떻게 할까?

  사실 영어를 잘하는 사람들과 못하는 사람들 사이에는 단 하나의 차이가 있다. 영어를 잘하는 사람들은 모두 '내용 중심 읽기(content-based-reading)'를 하지만 영어를 못하는 사람들은 모두 '언어 중심 읽기(language-based-reading)'를 한다는 것이다.

  그렇다면 내용 중심 읽기는 뭐고 언어 중심 읽기는 또 뭘까?

  1) 소설이나 잡지를 읽고, 만화를 보는 것, 흥미 있는 분야의 기사나 글을 읽는 것이 모두 내용 중심 읽기에 해당한다. '내용 중심 읽기'는 쉽게 말하면 재미있거나 읽고 싶은 것을 읽는 것이다. 자기가 흥미가 있는, 혹은 필요한 것을 얻기 위해, 말 그대로 내용(content)에 집중하면서 읽는 방식이다. 따라서 내용 중심 읽기는 보통 재미있다.
  2) 각종 수험서, 문법서, 어휘서 등등을 공부하는 행위는 '언어 중심 읽기'에 해당한다. 언어 중심 읽기는 보통 지루하고 재미가 없다.

- 수험서는 한 권도 제대로 본 적 없고 그저 재미있는 영문 소설만 열심히 읽었을 뿐인데 영어 시험에서 고득점을 받은 사람들은 수없이 많다. 하지만 수험서만 열심히 봐서 고득점자가 된 사람은 눈을 씻고 찾아봐도 없다. 왜 그럴까? 영어에 노출되는 정도에 있어서 언어 중심 읽기는 내용 중심 읽기와 비교하면 상대가 되지 않기 때문이다. 이 노출 정도의 차이는 시간이 갈수록 벌어져 수십 배에서 나중에는 수백, 수천, 수만 배로까지 확대되는데 바로 이것이 내용 중심 학습의 힘을 설명해주는 요인이다. (각종 수험서가 쓸모없다는 말이 아니다. 영어 시험을 준비하기 위해서는 당연히 필요하다. 하지만 수험서는 영어 실력 자체를 향상하는 데 좋은 교재는 결코 아니다.)

- '내용 중심 읽기'를 할 실력이 안 되니 우선 '언어 중심 읽기'를 하는 것 아니냐고 항변할 독자들이 있으리라 본다. 영어 입문자(중학 영어 수준)를 제외하고 저런 항변은 핑계에 불과하다. 중졸 수준의 영어 실력만 있어도 내용 중심 읽기를 얼마든지 할 수 있기 때문이다. 독자가 언어 중심 읽기에서 벗어나지 못하는 것은 영어 실력이 없기 때문이 아니다. 영어에 대한 흥미와 전략이 없기 때문이다.

- 이는 자신을 영어 학습의 선순환에 노출하느냐, 악순환에 노출하느냐를 결정하는 아주 중요한 문제이다. 지면 관계상 여기에서 자세히 말할 수는 없지만, 한 가지 예만 들어보겠다. 영어를 못하는 사람들은 영어에 대한 '진짜' 흥미가 없다. 따라서 오래 '들이대지' 못하고 이 방법, 저 방법, 이 책, 저 책을 떠돌아다닌다. (뭐든 흥미나 보람이 있어야 오래 '들이댈' 수 있는 법이다.) 영어 학습에 대한 자세한 내용은 별도의 책에서 정리해볼 생각이지만, '영어에 대한 관심' 한 가지만 좀더 설명해 보도록 하자.

- 아무리 해도 영어가 안 된다는 사람들도 대부분 영어에 관심이 있다고들 말한다. 정말일까? 관심이라고 다 같은 관심이 아니다. 만약 여러분의 영어에 대한 관심이 편승 효과(bandwagon effect)에 의한 관심이라면, 그것은 가짜일 가

능성이 대단히 크다. 즉 주변 사람들이 모두 영어가 중요하다고 떠들며 영어를 배우겠다고 덤벼드니 휩쓸려 따라가다 보면 '나도 영어에 관심이 있구나' 하고 착각하게 된다는 것이다. 하지만 이런 가짜 관심은 막상 영어 공부라는 장벽과 마주치게 되면 결코 오래가지 못한다. '진짜 흥미'가 아니기 때문이다. 그럼 '진짜 흥미'가 없는 사람은 결국 영어를 영원히 잘할 수 없을까? 절대 그렇지 않다. 흥미의 유무는 전략적으로 얼마든지 해결할 수 있는 문제이기 때문이다. 전략적 해결법을 여기에서 자세히 설명할 수는 없지만 일단 이 책도 그런 전략적 시도의 하나라 보면 된다.

- 이 정도 설명만으로도 이제 독자들은 우리나라 사람들이 엄청난 시간과 노력, 돈을 투자하면서도 왜 여전히 영어를 잘 못하는지를 짐작해볼 수 있을 것이다. 영어를 공부한다는 사람들을 보라. 대부분이 수험서를 가지고서, 혹은 수험 강좌를 듣는 것으로 영어 공부를 하고 있다. 이러다 보니 영어에 노출되는 정도가 턱없이 부족하게 되고 투자한 시간과 노력, 돈보다 영어 실력 향상의 효과는 미미하게 되는 것이다.

- 영어를 잘하고 싶은가? 그렇다면 영어 학습의 초기 단계(중학 영어 수준)를 끝낸 뒤에는 곧장 내용 중심 읽기 위주로 학습 방향을 바꿔라. 언어 중심 교재들은 필요한 때에 한해서 가끔 들여다보는 것으로 충분하다. 바로 이것이 외국어 학습의 정석이요, 왕도이다. 이미 초기 단계를 벗어난 상태인데도 언어 중심 학습을 위주로 하고 있다면 그것은 스스로 발목을 붙잡는 행위일 뿐이다. 그런데 안타깝게도 우리나라의 고교생, 대학생, 성인들은 대부분이 저런 시간 낭비를 하고 있다고 봐도 틀리지 않다. 초기 단계는 이미 중학교 과정에서 다 마쳤는데도 말이다. 이렇게 분명한 메시지를 집하고도 코앞의 시험에 눈이 멀어 계속 언어 중심 학습을 할 테면 하라. 당신은 절대로 영어를 잘하게 될 수 없을 것이다.

- 이 책은 중졸 수준의 영어 실력만 있는 독자라면 누구나 '내용 중심 읽기를 통한 영어 공부'를 손쉽게 실천해볼 수 있도록 정밀하게 기획하여 만들었다. 텍스트로 삼국지를 고른 것도 이 기획의 일환이다. 그렇다면 왜 삼국지인가? 두 가지 이유가 있다.

  첫째, 삼국지를 읽으면 재미와 보람을 모두 얻을 수 있다. 재미와 보람은 독자가 내용 중심 읽기를 지속할 수 있게 해주는 핵심적인 두 요인인데 삼국지는 독자가 이 두 가지를 다 얻을 수 있는 가장 훌륭한 텍스트 중 하나이다.

  둘째, 양이 많다. 어학은 반드시 양으로 승부를 해야 정복할 수 있는 분야이다. 그런데 언어 중심 읽기로는 이러한 양적 접근을 시도하는 것이 불가능에 가깝다. 삼국지는 그 양이 방대하여 삼국지 하나만 제대로 읽어도 이미 양적 접근의 실천이 된다. 그리고 이렇게 양으로 경쟁하여 성공하게 되면 어학 역시 반드시 성공하게 된다. 따라서 영한대역 삼국지를 정복하게 되면 영어도 반드시 정복할 수 있게 되는 것이다.

- 역자는 독자들이 이 책으로 소설적인 재미는 물론 영어 실력 향상의 보람도 얻을 수 있도록 모든 노력을 쏟았다. 번역에도 최대한 정성을 기울였고 새로운 방식의 영어 주석을 개발해 적용했으며 풍부한 내용 주석을 달아 독자들의 길잡이가 되게 했다. 또한 강의 파일을 첨부하여 (강의와 관련된 정보는 http://blog.naver.com/ji_min_jun 참조) 자세한 주석에도 이 책을 읽는 것이 어려운 독자들을 배려했으니 중학교 수준의 영어를 배운 사람이라면 누구나 이 책으로 영어를 재미있게 공부해볼 수 있을 것이다. 하지만 워낙 방대한 작업이라 실수나 잘못이 없지는 않을 것이다. 이를 지적해주고 바로잡아 나가는 것이 역자와 독자가 나누는 가장 아름다운 대화가 아닐까 생각한다. 독자들이 이 책으로 동양의 고전 삼국지를 재미있게 읽고 배우면서 아울러 영어 실력도 한 단계 향상하기를 바란다.

영한대역 삼국지에 대하여

• 삼국지에 정본이 있는 것으로 오해하는 사람들이 많은데 그렇지 않다. 삼국지는 원래 집단 창작물이었고 나관중이 이를 처음 체계적으로 정리하면서 나관중본이 대세가 되었다. 그 후 나관중본을 극복하는 과정에서 서로 다른 여러 판본이 나오다가 모륜, 모종강 부자가 정리한 것이 가장 좋은 평을 얻고 인기를 끌면서 모종강본이 다시 대세가 되어 오늘날까지 이어지고 있는 것뿐이다. 전문가들에 의하면 나관중본과 모종강본은 내용이며 사상이 상당히 다르다고 하는데 오늘날 나관중본의 원형이 어땠는지를 온전히 알 길은 없다고 한다. 결국 모종강본이 나관중본을 극복한 것처럼 흔히 정본으로 취급되는 모종강본 역시 극복돼야 할 대상일 뿐이다. 내용상으로 가장 완성도가 높다고 알려진 모종강본에도 숱한 오류와 모순들이 보이기 때문에 특히 더 그러하다.

• 이 영한대역 삼국지의 영문 대본인 C. H. Brewitt-Taylor의 영어판 삼국지는 모종강본을 기본으로 하고 있다. 일부 시(詩)의 경우 영문에서 운율을 맞추느라 중국어 원문과 내용이 조금 달라지는 경우가 있긴 하나 큰 차이가 있는 것은 아니고 그 외에는 충실히 모종강본을 따르고 있으며 번역의 품질도 상당히 우수하다. 하지만 삼국지의 첫 영문판인 만큼 아무래도 일부 오역을 하거나 빠뜨린 부분이 있다. 역자는 이런 부분을 모두 고치고 더하여 이 영한대역 삼국지가 충실한 판본이 될 수 있도록 전력을 기울였는데 이렇게 수정된 분량이 영문으로만 100쪽을 훨씬 넘는다. 아래에서 따로 밝히겠지만, 그 과정에서 모종강본 자체의 오류와 모순도 상당 부분을 고쳤으며 게다가 삼국지의 또 다른 영어판인 Moss Roberts 판에서 빠뜨린 부분까지도 채워 넣었으니 이 영한대역판은 영문판으로나 한글판으로나 독자적인 가치를 가지는 셈이다.

• 구체적으로 달라진 부분들을 짚어 보면 다음과 같다. 중국어의 로마자 표기를 Wade 식에서 현대 공식 표기인 Pinyin 식으로 모두 바꾸고 영문에 없던 도

입부 시를 추가하면서 일부 고어체 표현도 현대적인 표현으로 바꾸었다. 그리고 영어판에서는 상당수 관직명이 통일되지 않아 태부, 태사령, 호분중랑장, 사도, 태복 등 수많은 관직에서 적게는 2개, 많게는 7개까지 서로 다른 영어 명칭이 보이는데(이는 Moss Roberts판도 마찬가지) 이런 것들을 모조리 통일시켰다. 또 내용의 앞뒤가 모순되는 경우도 가능한 한 모두 고쳤다. 예컨대 모종강본 삼국지에서는 이미 죽은 사람(유대, 10장)이 한참 뒤에 다시 살아 있는 사람(유대, 22장)으로 등장해 전투를 벌인다거나 병력의 계산 착오로 앞서 간 5000명 병사가 흔적도 없이 사라져 버리는 경우(117장 등애의 공병부대) 등 일관성이 깨진 부분들이 나타난다. 이런 부분들은 바로잡은 후 주석을 통해 모순된 원문을 제시하고 바로잡은 이유를 밝혔다. 또한 기존 삼국지들에서는 이를테면 '조조가 중국으로부터 북경으로 이동했다.'와 같이 잘못된 지명 묘사가 부지기수로 등장해 인물들이 어디에서 무엇을 하고 있는 것인지 파악하기가 어려웠는데 이러한 모순들 역시 가능한 한 모두 바로잡았다. 단 이 경우는 양이 너무 많아 원문과 고친 이유를 따로 밝히지는 않았다. 물론 역자는 삼국지 전문가가 아니므로 모순되는 부분을 모두 찾아낸 것도 아니고 또 손을 댄 것이 역자의 무지와 역량부족으로 말미암아 개선이 아니라 오히려 개악이 되어버렸을 수도 있다. 혹 있을 수 있는 이런 미비점들에 대해서는 독자 여러분께서 주저 없이 지적해주시기 바란다.

- 삼국지 이해에 역사적 배경지식 등이 필요한 경우 자세한 주석을 덧붙여 이해를 도왔다. 역사소설인 삼국지에서 이러한 주석은 필수적이어서 주석이 충분하지 못한 삼국지는 조금 과장한다면 반쪽짜리 삼국지에 불과할 정도이다. 여기에 달아놓은 주석을 제대로 읽어 춘추전국시대에서 한나라에 이르는 시기에 대해 상당한 배경지식을 얻게 되는 독자들은 역자가 왜 이런 말을 하는지 이해하게 될 것이다.

- 근, 자 등 여러 도량형과 시간 단위 등은 현대 단위를 같이 표기했다. 삼국시대

당시 길이나 무게의 단위를 오늘날 사용되는 단위로 정확하게 환원하는 것은 현재로서는 불가능하므로 제시한 현대 단위가 정확한 수치인 것은 물론 아니다. 그러나 정확한 환원이 어차피 불가능하다면 일관적인 기준 아래 현대의 단위로 바꿔 독자들이 소설을 읽으며 어느 정도 길이와 무게인지 감이나마 잡을 수 있도록 하는 것이 더 낫다는 판단에서 그렇게 했다.

'낀대문자' 표기법에 관하여

- Dongegongan을 읽어 보라. 아무도 '제대로' 읽을 수 없다. 어디에서 끊어 읽어야 할지를 누구도 확신할 수 없기 때문이다. 하지만, DongEGongAn, 혹은 DonGeGonGan이라 써놓으면 누구나 단번에 읽을 수 있다. 사실 이 표기는 삼국지에 나오는 '동아'와 '공안'이라는 두 지명의 로마자 표기를 붙여본 것이다. 혹시 DongEGongAn이 어색하게 보이는가? 그렇다면 단어 중간에 대문자, 이른바 '낀대문자(CamelCase*)'가 오는 것을 싫어하는 영어식으로도 물론 바꿔 써볼 수 있는데 그러면, Dong'e'gong'an 이나 Dong-e-gong-an이 된다. 하지만 이렇게 써 봐도 어색한 것은 여전한 데다 DongEGongAn에 비해 불필요한 '와 - 가 세 개씩 더 들어가 정보량의 bit 수를 늘리고 있어 비효율적이기까지 하다. 그렇다고 Dongegongan이라 그냥 쓰자니 누구도 제대로 읽을 수 없는 단어가 돼버린다. 이게 Dong-e-gong-an인지 Dongeg-on-gan인지 다른 어떤 것인지 아무도 알 수 없기 때문이다. 대충만 조합해봐도 Dongegongan 하나에서 열 개가 넘는 새 단어가 만들어진다. 역자가 보기에 이런 문제가 생기는 이유는 한국어 단어를 영어식 논리에 억지로 욱여넣어 표기해놓았기 때문이다. 하지만 DongEGongAn이라 쓰면 이 모든 문제가 간단히 해결된다.

물론 낀대문자를 처음 보면 어색할 것이며 DongE처럼 단어 끝에 대문자가 오는 걸 봐도 어색할 것이다. 그 이유는 DongE가 로마자로 쓰여 있다는 이유만으로 우리 두뇌는 아직도 이를 영어 단어로 여기고 있기 때문이다. 하지만 DongE는 로마자를 빌려 표기했을 뿐이지 영어가 아니다.

DongA를 보자. 똑같이 단어 끝에 모음의 대문자가 왔는데 별로 어색하지 않을 것이다. DongA는 이미 우리가 상표 이름으로 자주 본 것이라 그렇다. 그렇다면 DongE나 DongI도 곧 익숙해질 수 있음을 알 수 있다. 낀대문자를 도입할 때, 어색한 것은 잠깐이지만 일단 익숙해지고 나면 우리말의 로마자 표기가 훨씬 쉽고 읽기 편해진다는 게 역자의 생각이다. Bupyeongsamgeori 보다 BuPyeongSamGeoRi가 훨씬 읽기 쉽고 Baegun만으로는 배군과 백운을 구분할 수 없지만 BaegUn으로 쓰면 백운이라는 것을 금세 알 수 있다.

낀대문자를 쓸 때 잊지 말아야 할 것이 있다. 알파벳, 즉 로마자가 곧 영어는 아니라는 것과 DongEGongAn은 영어 단어가 아닌, 한국어 단어를 로마자로 표현한 것이란 사실이다. 로마자는 영어가 아니다. 영어, 프랑스어, 스페인어 등 세계 각국에서 쓰고 있으며 임자 없는 공용문자일 뿐이다. 따라서 로마자를 이용해 영어를 쓸 때는 영어의 논리에 맞게 표기하는 게 옳듯, 다른 언어, 예컨대 한국어나 중국어를 표기할 때는 또 한국어와 중국어의 논리에 맞는 방식으로 표기해야 옳다고 본다. 따라서 영어의 논리가 아닌 한국어의 논리에 따라 표기를 바꾸는 게 옳다는 게 역자의 생각이다. 안 그러면 Dongegongan을 읽어내야 하는 불편한 문제가 생긴다. 한국어를 로마자로 표현하는 데 있어서 낀대문자를 싫어하는 영어 논리에 얽매일 필요가 없는 것이다. 심지어 영어권 사람들조차 Dongegongan보다는 DongEGongAn을 더 편히 읽으며 그 발음도 동애공안에 더 가깝게 되는데 그 이유는 우리말을 우리말 논리에 맞게 표기해 놓았기 때문이다.

이런 문제의식으로 이 책에서는 인명, 지명 등 고유명사의 표기는 한국어의 논리에 맞게 낀대문자를 과감하게 사용해 모두 바꿨다. 처음에는 다소 어색할지 모르나 익숙해지면 오히려 편하다는 것을 느낄 것으로 기대하는데 어떨지 모르겠다.

낀대문자, CamelCase: 정식 명칭은 medial capitals인데 70~80년대부터 컴퓨터 업계에서 이 표기법을 널리 쓰면서 요즘에는 CamelCase나 InterCaps라는 이름으로 더 많이 알려졌다. 위키백과에 따르면 영어권에서도 이미 옛날부터 MacLean처럼 주로 스코틀랜드 쪽의 성에서 사용되었거나 FitzGerald처럼 Hiberno-Norman 쪽의 성에서 사용되어왔던 방식이기도 하다. 또한 비알파벳권 언어를 알파벳으로 혼동 없이 표기하거나 알파벳권 언어에서도 혼동을 피하고자 혹은 멋지게 보이기 위해 빠르게 확산하는 추세에 있다. 영어도 상표 등에 낀대문자를 쓰는 것은 이제 보편화되었을 정도(ThinkPad, HarperCollins 등)이다. 또한 긴 화학식이나 지명 등에서 word boundary의 혼란을 막기 위해 이런 표기를 주장하는 사람들이 있는데 예를 들면 AmidoPhosphoRibosylTransferase와 같은 chemical name을 낀대문자 없이 표기하면 읽기가 대단히 어렵다. 낀대문자라는 한국이름은 CamelCase에 알맞은 한국어 역어가 아직 없어 역자가 만들어본 것이다.

일러두기

- 다음은 주석에 쓰인 약자들이다.
옛 = 고어
시 = 시어
글 = 글말, 문어
입 = 입말, 구어

- **doomed to V**   V할 운명인 : 이때 V는 동사(verb)를 뜻한다.

- 길이의 단위인 자(*ja*, 척이라고도 함)는 사람의 키를 표시할 때는 23 cm로 계산하고 그 외는 30.3 cm로 계산했다. 이렇게 일관성을 일부러 깬 이유는 그렇게 하지 않고 어느 한 단위로 통일할 경우는 소설에서 사람들의 키가 비정상적으로 커지거나 홍수가 났을 때 배가 다니기 어려울 정도로 물 깊이가 얕아지는 등의 문제가 생기기 때문이다.

- 영문을 해설하는 주석은 1권의 첫 부분에 가장 많이 달았으며 독자가 차츰 읽어가면서 어휘력이 늘어나는 것을 고려해 뒤로 가면서는 상대적으로 적게 달았다. 하지만 빈출 어휘가 아닌 경우에는 매번 주석을 달아 반복에 의해 독자가 해당 어휘들을 완벽히 익힐 수 있도록 배려했다.

English Version Translator's Preface

The San Guo (Romance of the Three Kingdoms) is distinctly eastern, a book adapted for the storytellers; one can almost hear them. It abounds in names and genealogies, which seem never to tire the readers or listeners. Happily, English admits pronouns in place of so many strangely spelt names which ought to appear, and they have been used; and as most persons have at least a *zi* (style name) in addition to the *xing* (family name) and *ming* (given name), I have tried to lighten the burden on the foreign readers' memory by using only the *xing* or the *xing* and *ming* of a man, suppressing his *zi* except in the case of very well-known characters.[1]

Manchu, Japanese, Thai, Korean, Vietnamese, Malay, Indonesian, and possible other versions of the San Guo have been made, and now to these I have attempted to add one in English, with what measure of success I leave to curious readers qualified to compare my rendering with the original.

The Wade system of romanisation[2], in which the vowels are pronounced as in Italian, has been used.

In conclusion, I wish to put on record my gratitude to Mr. Chen Ti Tsen, who typed the text, and Mr. E. Manico Gull, who has read the proofs, and to dedicate this translation to the memory of my son Raymond.

C. H. Brewitt-Taylor

---

1) In this English-Korean edition, every *zi* has restored.

2) In this English-Korean edition, Pinyin, the official romanization system of Mandarin Chinese, has been used.

영어판 번역자의 서문

삼국지는 동양의 느낌이 물씬 풍겨 구연(口演)에 적합한 작품이라 귀에 들릴 듯 생생하다. 삼국지에는 숱한 이름과 가문이 등장하는데 그렇다고 독자(讀者)나 청자(聽者)를 피곤하게 하는 것은 아니다. 수많은 기묘한 중국식 이름들은 생략할 수도 없는데 다행스럽게도 영어에서는 이들을 대명사로 바꿀 수 있어 그렇게 했다. 또 등장인물 대부분이 성과 이름 외에도 자(字)가 있는데 여기에서는 매우 중요한 인물들을 제외하고는 성이나 성명만 사용하고 자는 배제[1]해 비중국인 독자들이 기억력에 부담을 덜 수 있도록 했다.

삼국지는 만주어, 일본어, 태국어, 한국어, 베트남어, 말레이어, 인도네시아어 등 여러 번역본이 이미 나와 있는데 이제 여기에 영어 번역본을 추가한다. 중국어 원본과 나의 영어 번역본을 비교할 수 있는 호기심 많은 독자들의 평가를 바란다.

이 책에서는 모음이 이탈리아어처럼 발음되는 웨이드 로마자 표기 체계[2]를 사용했다.

마지막으로 텍스트를 타이핑해 준 Chen Ti Tsen 씨와 교정쇄를 검토해 준 E. Manico Gull 씨에게 감사를 드리며 이 번역본을 내 아들 Raymond에게 바친다.

C. H. Brewitt-Taylor

---

1) 이 영한대역판에서는 모두 되살려 인물의 성명, 자, 아명 등을 하나도 누락시키지 않았다.
2) 이 영한대역판에서는 현재 공식 표기인 Pinyin 식으로 다시 고쳤다.

Contents

Book9 - Battle of Red Cliffs

Chapter 49 — 22
On the Seven Stars Altar, ZhuGeLiang Sacrifices to the Winds
At the Mouth of the Three Rivers, ZhouYu Liberates Fire

Chapter 50 — 80
ZhuGeLiang Foresees the HuaRong Episode
GuanYu Releases CaoCao

Chapter 51 — 120
A Great Battle Between North and South
ZhuGeLiang Angers ZhouYu

Chapter 52 — 168
ZhuGeLiang Talks Cunningly to LuSu
ZhaoYun, by a Ruse, Captures GuiYang

Chapter 53 — 218
GuanYu, From a Sense of Righteousness, Releases HuangZhong
SunQuan Fights a Great Battle With ZhangLiao

Chapter 54 — 274
The Dowager Marchioness of Wu Sees Her Son-in-Law at a Temple
Liu, Imperial Uncle, Takes a Worthy Consort

9권 - 적벽대전

Chapter 49   23
공명은 칠성단에서 바람빌고
주유는 삼강구에서 불지르다

Chapter 50   81
공명은 화용도 내다보고
관우는 조조를 놓아주다

Chapter 51   121
남북의 군사가 크게 싸우고
공명은 주유의 화를 돋우다

Chapter 52   169
공명은 교활하게 노숙을 설득하고
조운은 계책으로 계양을 차지하다

Chapter 53   219
관우는 의리로 황충을 놓아주고
손권은 장료와 한바탕 대결하다

Chapter 54   275
오국태는 절에서 사위를 보고
유황숙은 훌륭한 배필을 얻다

Chapter 49

On the Seven Stars Altar, ZhuGeLiang Sacrifices to the Winds
At the Mouth of the Three Rivers, ZhouYu Liberates Fire

01   In the last chapter, ZhouYu was seized with sudden illness as he watched the fleets of his enemy. He was borne to his tent and his officers came in multitudes to inquire after him. They looked at each other, saying, "What a pity our Supreme Commander should be taken ill when CaoCao's legions threaten so terribly! What will happen if he attacks?"

Messengers with the evil tidings were sent to Wu while the physicians did their best for the invalid. LuSu was particularly sad at the illness of his patron and went to see ZhuGeLiang to talk it over.

공명은 칠성단에서 바람빌고
주유는 삼강구에서 불지르다

01 앞장에서는 주유가 조조의 본함대를 관찰하다 갑자기 쓰러졌었다. 주유는 장막으로 옮겨졌고 사람들이 병문안을 왔다. 모두들 끼리끼리 수군거렸다. "조조의 대군이 그 기세가 어마어마한데 대도독이 쓰러졌으니 참으로 큰일이오. 조조가 공격해오면 어떻게 하오?"

사자는 주유가 쓰러졌다는 소식을 동오에 전하는 한편 의사들은 최선을 다해 주유를 치료했다. 노숙은 특히 상심이 커서 제갈량을 찾아가 주유의 일을 이야기했다.

liberate A A를 자유롭게 하다[발산시키다]

01 be seized with A (갑자기) A에 걸리다[사로잡히다] **multitude** 다수, 수가 많음, 무수함; 군중 **inquire after A** A의 안부를 묻다 **evil tidings** 나쁜 소식 **invalid** 병에 걸린 사람 **patron** 후원자; 보호자; 단골

Chapter 49

"What do you make of it?" said ZhuGeLiang.

"Good luck for CaoCao; bad for us," said LuSu.

"I could cure him," said ZhuGeLiang smiling.

"If you could, the State would be very fortunate," LuSu said with delight.

He prayed ZhuGeLiang to go to see the sick man. They went, and LuSu entered first. ZhouYu lay in bed, his head covered by a quilt.

"How are you, Supreme Commander?" said LuSu.

"My heart pains me; every now and again I feel faint and dizzy."

"Have you taken any remedies?"

"My gorge rises at the thought; I could not."

"I saw KongMing just now and he says he could heal you. He is just outside and I will call him if you like."

"Ask him to come in."

ZhouYu bade his servants help him to a sitting position and ZhuGeLiang entered.

▌02 "공의 생각은 어떠시오?" 제갈량이 물었다.
"조조에게는 행운이나 우리에게는 불행이오." 노숙이 대답했다.
"내가 공근을 낫게 할 수 있을 듯하오." 제갈량이 웃으며 말했다.
"선생이 그렇게 할 수만 있다면 나라가 참으로 다행이겠소." 노숙이 기뻐하며 말했다.
　노숙은 제갈량에게 주유를 만나 보라고 청해 함께 갔다. 노숙이 먼저 들어가 보니 주유는 이불을 머리까지 뒤집어쓰고 누워 있었다.
▌03 "대도독, 좀 어떠시오?" 노숙이 물었다.
"심장에 통증이 있는데 때때로 정신이 아찔하고 어지럽소."
"약은 드셨소?"
"약 생각만 하면 속이 메스꺼우니 먹을 수가 없었소."
"방금 공명을 만났는데 대도독을 치료할 수 있을 듯하다고 하오. 지금 밖에 있는데 원하신다면 들어오라 하겠소."
"안으로 모셔주시오."
주유는 시종들의 부축을 받아 일어나 앉았고 곧 제갈량이 들어왔다.

▌02 **What do you make of A?** A에 대해 어떻게 생각하느냐? **cure A** A를 치료하다 **quilt** 이불

▌03 **every now and again** 때때로 **feel faint and dizzy** 정신이 가물가물하고 어지럽다 **remedy** 약 **gorge rises** 속이 메스껍다(=feel one's gorge rise) **heal A** A를 낫게 하다 **bid A help B to a sitting position** A에게 명해 B가 앉도록 돕게 하다 cf. bid-bade-bidden

"I have not seen you for days," said ZhuGeLiang. "How could I guess that you were unwell?"

"How can anyone feel secure? We are constantly the playthings of luck, good or bad."

"Yes; Heaven's winds and clouds are not to be measured. No one can reckon their comings and goings, can they?"

ZhouYu turned pale and a low groan escaped him, while his visitor went on, "You feel depressed, don't you? As though troubles are piling up in your heart?"

"That is exactly how I feel."

"You need cooling medicine to dissipate this sense of oppression."

"I have taken a cooling draught, but it has done no good."

"You must get the humors into good order before the drugs will have any effect."

🔳04 "며칠간 대도독을 뵙지 못했는데," 제갈량이 말했다. "아프실 줄은 생각도 못 했소."

"액운으로부터 자유로운 사람이 어디 있겠소? 사람은 길흉의 운명을 못 벗어나지 않소."

"맞소. 하늘에 언제 바람이 불고 구름이 낄지는 예측할 수 없으니 바람과 구름의 오고감을 그 누가 헤아리겠소?"

주유는 낯빛이 창백해지더니 낮은 신음소리를 내뱉었다. 제갈량이 계속 말을 이었다. "대도독은 뭔가 짓눌린 느낌이 아니시오? 골칫거리들이 가슴을 억누르는 것처럼요."

"바로 맞혔소."

"압박감을 풀어버릴 찬 약을 드셔야 하오."

"이미 찬 약을 마셨지만 전혀 효과가 없소."

"대도독은 기분부터 다스려야 약이 효력을 낼 것이오."

🔳04 **constantly** 끊임없이, 계속 **reckon** 헤아리다, 추정하다 **groan** 신음 **dissipate** 흩뜨리다 **oppression** 억압, 압박 **draught** 1회분의 물약 **humor** (일시적) 기분

ZhouYu began to think ZhuGeLiang knew what the matter really was and resolved to test him. "What should be taken to produce a favorable temper?"

"I know one means of producing a favorable temper," replied ZhuGeLiang.

"Please let me know, Master."

ZhuGeLiang called for writing materials, sent away the servants and then wrote a few words: "One should burn out CaoCao; all is ready, but there is no east and south wind," this he gave to the sick Supreme Commander, saying, "That is the origin of your illness."

주유는 제갈량이 무엇이 정말 문제인지 알고 있다는 생각이 들기 시작해 시험해 보기로 했다. "기분을 좋게 하려면 무슨 약을 먹어야 하오?"

　　"기분을 좋게 하는 약을 내가 하나 아오." 제갈량이 대답했다.

　　"가르쳐 주시기 바라오, 선생."

　　제갈량은 글을 쓸 재료들을 청하더니 시종들을 밖으로 내보내고 이렇게 썼다. '조조를 불로 공격해야 하는데 모든 준비가 끝났으나 동남풍이 없구나.' 이 글을 주유에게 보여주며 제갈량이 말했다. "대도독이 앓고 있는 병의 근원은 이것이오."

05 **favorable temper** 긍정적인 기분

06 　ZhouYu read the words with great surprise and it confirmed his secret opinion that ZhuGeLiang really was rather more than human. He decided that the only course was to be open and tell him all. So he said, "Since you know the cause of the disease, what do you recommend as treatment? The need of a remedy is very urgent."

"I have no great talent," said ZhuGeLiang, "but I have had to do with men of no ordinary gifts from whom I have received certain magical books*. So I can call the winds and summon the rains and put ghosts and spirits under my command. Since you need a south-east breeze, Supreme Commander, you must build an altar on the Southern Screen Hills, the Altar of the Seven Stars. It must be nine *ja* (273 cm) high, with three steps, surrounded by a guard of one hundred and twenty men bearing flags. On this altar, I will work a spell to procure a strong south-east gale for three days and three nights. Do you approve?"

06 글을 읽은 주유는 깜짝 놀라 역시 제갈량은 사람이 아니라고 거듭 생각했다. 이제 남은 길은 솔직히 다 털어놓는 것뿐이라 판단한 주유가 말했다. "선생께서 내 병의 원인을 알고 계시니 어떻게 고쳐야 하겠소? 치료법이 한시가 급하오."

"내가 비록 재주는 없으나," 제갈량이 말했다. "예전에 기인(奇人)들을 만나 그들에게서 기문둔갑(奇門遁甲)과 관련된 천서(天書)* 몇 권을 얻은 덕택에 바람을 일으키고 비를 부르며 귀신과 유령을 부릴 수 있게 되었소. 대도독께서 동남풍이 필요하시다면 남병산에 제단을 하나 쌓아주시오. 제단의 이름은 칠성단(七星壇)인데 높이는 9자 (273 cm)이고 3층으로 짓되 120명의 병사들이 깃발을 들고 제단을 에워싸 지켜야 하오. 그럼 내가 칠성단에서 주문을 외워 사흘 낮, 사흘 밤 동안 세찬 동남풍이 불도록 하겠소. 어떻소?"

---

06 **confirm one's opinion that ~** ~이라는 자신의 견해를 확인하다[입증하다] **urgent** 긴급한 **have to do with A** A와 관련을 갖다 **man of no ordinary gifts** 특별한 재능의 사람 **work a spell to V** V하기 위해 마법을 부리다 **procure ~** ~을 입수[획득]하다 *certain magical books 어떤 마술 책들(여기에서는 기문둔갑(奇門遁甲)과 관련된 천서(天書)를 의미한다); 기문(奇門), 태을(太乙), 육임(六壬)을 아울러 삼식(三式)이라 하는데 이들은 음양과 천문역학을 기반으로 만들어진 술책의 이름이다. 각각 땅, 하늘, 사람의 법도를 완전히 밝혔다고 주장하며 따라서 삼식에 통달하면 천지인(天地人) 어느 것에서든 거칠 게 없다는 것이다. 삼식은 현대에는 길흉 예측의 점술로 주로 활용되지만 과거에는 신비한 술책이나 마술, 술사의 원천으로 여겨졌다. 기문둔갑은 기문에 둔갑이 붙은 것이다.

Chapter 49

07   "Never mind three whole days;" said ZhouYu, "one day of strong wind will serve my purpose. But it must be done at once and without delay."

"I will sacrifice for a wind for three days from the twentieth day of the moon; will that suit you?"

ZhouYu was delighted and hastily rose from his couch to give the necessary orders. He commanded that five hundred men should be sent to the mountains to build the altar and he arranged the guard of one hundred and twenty to bear the flags and be at the orders of ZhuGeLiang.

08   ZhuGeLiang took his leave, went forth and rode off with LuSu to the mountains, where they measured out the ground. He bade the soldiers build the altar of red earth from the south-east quarter. It was two hundred and forty *ja* (73 m) in circuit, square in shape, and of three tiers, each of three *ja* (90.9 cm), in all nine *ja* (273 cm) high.

07 "사흘 낮 사흘 밤은 고사하고," 주유가 말했다. "단 하루만 동남풍이 불어도 충분하오. 하지만 지체 없이 바로 해 주셔야 하오."

"내가 이번 달 20일부터 사흘간 바람이 불게 하겠소. 그러면 되겠소?"

주유는 크게 기뻐하며 자리에서 벌떡 일어나 필요한 명령을 내렸다. 주유는 병사 500명을 남병산으로 보내 제단을 짓게 하고 120명의 병사들에게는 깃발을 들고서 제갈량의 지시에 따르도록 했다.

08 제갈량은 작별하고 곧장 떠나 노숙과 함께 남병산으로 가서 지세(地勢)를 측정했다. 제갈량은 병사들에게 산 남동쪽에 있는 붉은 흙으로 칠성단을 짓게 했다. 단의 둘레는 240자 (73m)였고 정사각형 모양에 3층으로 돼 있는데 매 층의 높이가 각각 3자 (90.9 cm)여서 모두 합하면 9자 (273 cm)였다.

---

07 **serve A's purpose** A의 목적 달성에 도움이 되다 **sacrifice for a wind** 제사를 올려 바람을 부르다 **suit A** A의 마음에 들다

08 **measure out A** A를 재다[측정하다] **circuit** 둘레 **tier** 층, 단

Chapter 49

On the lowest tier, he placed the flags of the twenty-eight zodiacal mansions of the heavens*;

On the east, seven—Horn, Neck, Root, Room, Heart, Tail, and Basket—blue flags of eastern mansion arranged in the shape of Azure Dragon;

On the north, seven—Dipper, Ox, Girl, Emptiness, Rooftop, Encampment, and Wall—black flags of northern mansion arrayed in the form of Black Tortoise;

On the west, seven—Legs, Bond, Stomach, Hair, Net, Turtle Beak, and Three—white flags of western mansion laid out in the figure of White Tiger;

And on the south, seven—Well, Ghost, Willow, Star, Extension, Wings, and Chariot—red flags of southern mansion lined up in the image of Vermilion Bird.

▧09　제갈량은 1층에 하늘의 28수(二十八宿)*에 따라 깃발을 꽂았다.

　　동쪽에는 각(角), 항(亢), 저(氐), 방(房), 심(心), 미(尾), 기(箕)의 7동수(東宿)에 해당하는 푸른 깃발을 청룡(靑龍)의 모양에 따라 세웠고,

　　북쪽에는 두(斗), 우(牛), 여(女), 허(虛), 위(危), 실(室), 벽(壁)의 7북수(北宿)에 해당하는 검은 깃발을 현무(玄武)의 형상에 따라 꽂았으며,

　　서쪽에는 규(奎), 누(婁), 위(胃), 묘(昴), 필(畢), 자(觜), 삼(參)의 7서수(西宿)에 해당하는 하얀 깃발을 백호의 모습에 따라 배열했고

　　남쪽에는 정(井), 귀(鬼), 유(柳), 성(星), 장(張), 익(翼), 진(軫)의 7남수(南宿)에 해당하는 붉은 깃발을 주작의 형체에 따라 배치했다.

▧09　**zodiacal mansion** 황도대 내의 수(宿) **azure** 감청색의, 푸른색 **Black Tortoise** 현무 **turtle beak** 거북이의 주둥이 **willow** 버드나무 **Vermilion Bird** 주작 cf. vermilion 주홍색의
*twenty-eight zodiacal mansions of the heavens 하늘의 28수(二十八宿); 칠성단은 고대 천문이론에 따라 조직된 것이다. 28수는 천구(天球)를 황도(黃道); 태양의 둘레를 도는 지구의 궤도가 천구(天球)에 투영된 것)에 따라 스물여덟으로 나눈 구역의 별자리, 또는 그 구역 자체를 말하며 각각에 포함되는 별자리들은 본문에 제시된 바와 같다. 또한 고대 중국의 천문학에서는 북극성(옥황상제)을 중심으로 밤하늘을 세 구역으로 나누어 각각 황제가 거처하는 황궁을 나타내는 자미원(Purple Forbidden Enclosure 紫微垣), 신하들과 황제가 정사를 논의하는 조정을 나타내는 태미원(Supreme Palace Enclosure 太微垣), 백성들이 거처하는 곳을 나타내는 천시원(Heavenly Market Enclosure 天市垣)이라 불렀는데 이 세 구역을 합쳐서 삼원(三垣, Three Enclosures)이라 불렀다. 칠성단의 3층은 바로 이 삼원을 나타내는 것이다. 이러한 천문이론은 제갈량이 배웠다고 주장하는 기문둔갑의 기초이기도 하다.

Around the second tier, he placed sixty-four yellow flags, corresponding to the number (64) of the diagrams* of the Book of Change, in eight groups representing eight directions.

Four men were stationed on the highest platform, each wearing a Taoist headdress and a black silk robe embroidered with the phoenix and confined with wide sashes. They wore scarlet boots and square-cut skirts. On the left front stood a man supporting a tall pole bearing at its top a plume of light feathers to show by their least movement the wind's first breathing. On the right front was a man holding a tall pole whereon was a flag with the symbol of the seven stars to show the direction and force of the wind. On the left rear stood a man with a sword, and on the right rear a man with a censer.

Below the altar were twenty four men holding flags, umbrellas, spears, lances, golden axes, white yak-tail banners, red bannerols and black ensigns. And these were spaced about the altar.

■ 10　　2층에는 주역의 64괘(卦)*에 따라 64개의 누런 깃발을 8묶음씩 8방위에 꽂았다.

3층에는 4명의 병사들을 세웠다. 이들은 각각 도인의 관을 쓰고 봉황이 수놓아진 검은 비단 옷을 입고 넓은 띠를 맸으며 진홍색 신발을 신었는데 의복의 자락은 각이 졌다. 앞의 왼쪽에 선 사람은 높은 깃대를 들었는데 깃대의 꼭대기에는 가벼운 솜깃털을 매달아 솜털의 가벼운 떨림으로 바람이 일어나는 미세한 움직임을 포착하도록 했다. 앞의 오른쪽에 선 사람은 역시 높은 깃대를 들었는데 그 꼭대기에는 칠성이 수놓아진 깃발을 매달아 바람의 세기와 방향을 알 수 있게 했다. 뒤의 왼쪽에 선 사람은 검을 받쳐 들었고 뒤의 오른쪽에 선 사람은 향로를 받쳐 들었다.

칠성단의 아래에는 24명의 병사들이 각각 깃발, 해 가리개, 극(戟: 창의 하나), 과(戈: 창의 일종), 황월, 백모, 붉은 깃발과 검은 깃발을 들고 일정한 간격으로 단을 에워쌌다.

■ 10　**corresponding to A** A에 대응하는, A에 따라　**Book of Change** 주역　**embroidered with A** A로 수가 놓아진　**sash** 장식띠　**scarlet** 주홍색　**square-cut** 각이 진　**plume** 깃털(장식)　**feather** 깃털　**censer** 향로　**lance** 창　**bannerol** 깃발(banderol)　**ensign** 깃발　**space** 간격을 두고 배치하다　*diagram 괘(卦); the number of the diagrams는 64괘를 의미함. 주역(周易)에서 팔괘(八卦)를 여덟 번 겹쳐 얻은 64가지의 괘(卦). 팔괘는 중국 상고 시대에 복희씨가 지었다는 여덟 가지 괘인데 주역에서 세상의 모든 현상을 음양을 겹치어 여덟 가지의 상으로 나타낸 것으로 태극기에도 이 팔괘의 일부가 들어가 있다. 각각 건(乾), 태(兌), 이(離), 진(震), 손(巽), 감(坎), 간(艮), 곤(坤)을 이른다.

■ 11   On the appointed day ZhuGeLiang, having chosen a propitious moment, bathed and purified himself. Then he robed himself as a Taoist, loosened his locks and approached the altar barefoot.

He bade LuSu retire, saying, "Return to the camp and assist the Supreme Commander in setting out his forces. If my prayers should not avail, don't blame me."

So LuSu left him. Then he commanded the guards on no account to absent themselves, to maintain strict silence and to be reverent; death would be the penalty of disobedience.

■ 12   Next with solemn steps, he ascended the altar, faced the proper quarter, lit the incense and sprinkled the water in the basins. This done, he gazed into the heavens and prayed silently. The prayer ended, he descended and returned to his tent. After a brief rest, he allowed the soldiers in turn to go away to eat.

Thrice that day, he ascended the altar and thrice descended; but there was no sign of the wind.

■ 13   Here it may be related that ZhouYu with ChengPu and LuSu and a number of military officials on duty sat waiting in the tent until the wished-for wind would blow and the attack could be launched. Messengers were also sent to SunQuan to prepare to support the forward movement.

▶11　제갈량은 약속한 20일이 되자 길한 시간을 골라 목욕재계하여 자신을 정화한 다음 도인의 옷을 입고 머리를 풀어헤치고 맨발로 칠성단으로 다가섰다. 그가 노숙에게 물러나라 이르며 말했다. "영채로 돌아가 대도독이 군사를 출병시키는 걸 도우시오. 혹시 내 기도가 효력을 내지 못하더라도 나를 나무라지 마시오."

　노숙이 떠나자 제갈량은 병사들에게 어떤 경우에도 자리를 비우거나 소리를 내거나 경건함을 잃어서는 안 되며 이를 어기는 자는 목을 베겠다고 명령했다.

▶12　그 다음 경건한 걸음으로 단에 오른 제갈량은 적절한 방위를 찾아 자리를 정하더니 향에 불을 붙이고 그릇에 물을 뿌린 다음 하늘을 우러러보며 조용히 기도를 시작했다. 기도가 끝나자 제갈량은 단을 내려와 장막으로 돌아갔다가 잠깐 쉰 후에 군사들에게 교대로 단을 떠나 밥을 먹도록 했다.

　그날 제갈량은 세 번 단에 올라갔다가 세 번 내려왔는데 바람이 불 낌새는 여전히 보이지 않았다.

▶13　이때 주유는 정보, 노숙 등 장수들과 함께 장막에 앉아 기다리던 동남풍이 불어 공격에 나설 수 있기만을 기다리고 있었다. 손권에게도 이미 사자를 보내 진군을 뒷받침해달라 요청해놓은 상태였다.

▶11 **propitious** 길한, 상서로운 **loosen one's lock** 머리를 풀어헤치다 cf. lock 머리의 타래 **barefoot** 맨발의 **command A on no account to V** 어떤 사정이 있어도 V하지 말라고 A에게 명하다 **absent oneself** 자리를 비우다 **reverent** 공경하는 **disobedience** 불복종

▶12 **solemn** 경건한 **sprinkle the water in the basins** 그릇에 물을 뿌리다 **in turn** 교대로

▶13 **wished-for wind** 바라던 바람

14 HuangGai had his fire ships ready, a score of them. The fore parts of the ships were thickly studded with large nails, and they were loaded with dry reeds and wood soaked in fish oil and covered with sulfur, saltpeter and other inflammables. The ships were covered in with black oiled cloth. In the prow of each was a black dragon flag with indentations. A light craft was attached to the stern of each for a variety of emergencies. All were ready and awaited orders to move.

15 Meanwhile CaoCao's two spies, the brothers Cai, were being guarded carefully in an outer camp far from the river bank and daily entertained with feasting. They were not allowed to know of the preparations. The watch was so close that not a trickle of information reached the prisoners.

14 황개는 불을 붙일 배 20척을 준비하고 있었는데 뱃머리에는 커다란 못을 빼곡히 박고 배 위에는 마른 풀과 장작을 실었으며 장작에는 물고기 기름이나 유황, 염초 등 인화성 물질을 뿌려놓았다. 그 다음 기름을 먹인 검은 천으로 배를 덮고 각각의 뱃머리에는 가장자리에 톱니자국이 난 흑룡기를 걸었다. 각 배의 고물에는 가벼운 쪽배를 묶어 각종 비상 시에 대비하게 하는 등 준비를 마치고 진격 명령을 기다렸다.

15 한편 조조의 첩자인 채중, 채화 형제들은 강기슭에서 멀리 떨어진 바깥 영채에서 집중적인 감시를 받으며 매일같이 잔치로 접대를 받고 있었기 때문에 본진에서 무슨 준비를 하는지 전혀 알지 못했다. 감시가 매우 엄중했기 때문에 물샐틈조차 없었던 것이다.

---

14 **be thickly studded with A** A가 빼곡하게 박혀 있다 **be loaded with ~** ~으로 가득 차다 **soaked in A** A로 흠뻑 젖은 **sulfur** 유황 **saltpeter** 염초, 초석, 질산칼륨(화약의 성분) **inflammable** 인화성 물질 **indentation** 들쭉날쭉 새긴 자국, 톱니꼴 자국 **emergency** 비상 사태

15 **feasting** 잔치 **trickle** 소량; 방울

16 While ZhouYu was anxiously awaiting in his tent for the desired wind, a messenger came to say that SunQuan had anchored at a place eighty-five *li* (34 km) from the camp, where he awaited news. LuSu was sent to warn all the various commanders to be ready, the ships and their weapons, sails and oars, all for instant use, and to impress upon them the penalties of being caught unprepared. The soldiers were indeed ready for the fight and yearning for the fray.

17 But the sky remained obstinately clear and as night drew near, no breath of air stirred.

"We have been cajoled," said ZhouYu. "Indeed what possibility is there of a south-east wind in mid-winter?"

"ZhuGeLiang would not use vain and deceitful words," replied LuSu.

Towards the third watch (11 pm 1 am), the sound of a movement arose in the air. Soon the flags fluttered out. And when the Supreme Commander went out to make sure, he saw they were flowing toward the north-west. In a very short time, the south-east wind was in full force.

■16　그때 주유가 장막에서 동남풍이 불기를 애타게 기다리고 있는데 사자가 당도해 손권이 본진에서 85리(34 km) 떨어진 곳에 정박하여 소식을 기다리고 있다고 전했다. 주유는 곧 노숙을 내보내 각 장수들에게 배와 무기, 돛, 노 등을 즉각 사용할 수 있게 준비하라 명하고 준비를 소홀히 하다 발각된 부대에는 벌이 내릴 것임을 주지시켰다. 병사들은 완벽한 임전태세를 갖추고 싸움이 벌어지기를 기다렸다.

■17　그러나 하늘은 고집스러울 정도로 맑았고 해가 떨어지는데도 바람 한 점 불지 않았다.

"우리가 속았소." 주유가 말했다. "생각해보면 한 겨울에 어떻게 동남풍이 불겠소?"

"제갈량은 허튼 소리로 속일 사람이 아니오." 노숙이 대답했다.

3경(11 pm~1 am)이 가까워질 무렵 공기 중에서 바람이 이는 소리가 들리더니 곧 깃발들이 펄럭이기 시작했다. 주유가 밖으로 나와 확인해보니 깃발들이 북서쪽으로 하늘하늘 나부끼더니 순식간에 거센 동남풍이 불어 닥쳤다.

■16 **instant use** 즉각적인 사용　**impress upon A B** A에게 B를 명심하게 하다　**penalty** 처벌　**be caught unprepared** 준비되지 않은 상태로 있다가 발각되다[붙들리다]　**fray** 전투

■17 **stir** 약간 움직이다　**cajole** 속이다, 꾀다　**in full force** 전력으로

ZhouYu was, however, frightened at the power of the man whose help he had invoked. "Really the man has power over the heavens and authority over the earth; his methods are incalculable, beyond the ken of god or devil. He can't be allowed to live to be a danger to our land of Wu. We must slay him soon to fend off later evils."

So he resolved to commit a crime to remove his dangerous rival. He called two of the colonels of his guard, DingFeng and XuSheng, and bade them, "Each of you take a party of one hundred soldiers, one along the river, the other along the road, to the altar on the mountains. As soon as you get there, without asking questions or giving reasons, seize and behead ZhuGeLiang. You might expect a solid reward if you bring his head."

The two went off on their nefarious errand, XuSheng leading dagger- and axe-men going as fast as oars could propel them along the river, DingFeng at the head of archers and bowmen on horseback. The south-east wind buffeted them as they went on their way.

■18　그러나 주유는 동남풍을 기뻐하기보다 오히려 제갈량의 능력에 질겁했다. '이 사람은 정말 하늘을 부리고 땅을 다루는 힘이 있구나. 그의 계책은 신이나 귀신도 짐작할 수 없을 지경이니 살려뒀다가는 우리 오에 해가 될 것이다. 죽여서 장차 화근을 없애야 한다.'

■19　주유는 위험한 제갈량을 제거할 결심을 하고 호군교위(護軍校尉) 정봉(丁奉)과 서성(徐盛)을 불러 명령했다. "각각 100명의 군사들을 이끌고 하나는 강을 따라, 다른 하나는 길을 따라 남병산의 제단으로 가라. 도착하자마자 뭘 묻지도, 이유를 설명하지도 말고 제갈량을 붙잡아 죽여라. 그의 머리를 가져오면 큰 상을 내리겠다."

■20　두 장수는 명령을 받고 떠났다. 서성은 칼과 도끼로 무장한 수군들을 이끌고 강을 따라 급히 노를 저어갔고 정봉은 활잡이와 쇠뇌잡이들을 이끌고 말을 휘몰아 내달리는데 동남풍이 그들의 얼굴을 세차게 때렸다.

■18 **invoke** 청하다; 불러내다　**incalculable** 헤아릴 수 없는, 예상할 수 없는　**ken** 이해나 인식의 범위

■19 **commit a crime to V** V하는 죄를 짓다　**solid reward** 충실한 상

■20 **nefarious errand** 흉악한 심부름　**propel A** A를 나아가게 하다, 추진시키다　**buffet A** (바람, 파도, 운명 등이) A를 막다

■ 21
>
High was raised the Seven Stars Altar,
On it prayed the Sleeping Dragon
For an eastern wind and straightway
Blew the wind. Had not the wizard
Exercised his mighty magic
Nothing had ZhouYu's skill availed.

■ 22   DingFeng first arrived. He saw the guards with their flags, dropped off his steed and marched to the altar, sword in hand. But he found no ZhuGeLiang. He asked the guards; they told him he had just gone down. DingFeng ran down the hill to search. There he met his fellow and they joined forces. Presently a simple soldier said to them, "The evening before, a small and fast boat had anchored there near a sand spit and KongMing was seen to go on board. Then the boat went up river."

■21 　　　　하늘로 치솟은 칠성단에
　　　　　　와룡이 올라서 기도하며
　　　　　　동남풍 원했네 그러하자
　　　　　　곧바로 바람이 일었으니
　　　　　　공명이 힘쓰지 않았다면
　　　　　　주유의 재주가 무슨소용

■22　　정봉이 먼저 도착했다. 깃발을 든 병사들이 보이자 정봉은 말에서 내려 칼을 손에 들고 제단으로 올라갔으나 제갈량이 보이지 않았다. 병사들에게 묻자 제갈량은 방금 단을 떠났다는 대답이 돌아왔다. 정봉은 황급히 남병산을 달려내려가다 서성과 만나 함께 제갈량을 찾았다. 그때 어떤 병사가 보고했다. "아까 저녁 때 작고 빠른 배 한 척이 저쪽 모래톱에 정박해 있었는데 공명은 그 배에 올랐고 그 후 배는 강을 거슬러 올라갔습니다."

■22 **sand spit** 모래톱

23 So DingFeng and XuSheng divided their party into two, one to go by water, the other by land. XuSheng bade his boatmen put on all sail and take every advantage of the wind. Before very long, he saw the fugitive's boat ahead and when near enough, stood in the prow of his own and shouted, "Don't flee, O Instructor of the Army! The Supreme Commander requests your presence."

ZhuGeLiang, who was seated in the stern of his boat, just laughed aloud, "Return and tell the Supreme Commander to make good use of his men. Tell him I am going up river for a spell and will see him again another day."

24 "Pray wait a little while," cried XuSheng. "I have something most important to tell you."

"I knew all about it, that he would not let me go and that he wanted to kill me. That is why ZhaoZiLong was waiting for me. You had better not approach nearer."

Seeing the other ship had no sail, XuSheng thought he would assuredly catch up with it and so maintained the pursuit. Then when he got too close, ZhaoYun fitted an arrow to the bowstring and, standing up in the stern of his boat, cried, "I am ZhaoZiLong of ChangShan. I came expressly to escort the instructor. Why are you pursuing him? One arrow would kill you, only that would cause a breach of the peace between two houses. I will shoot and just give you a specimen of my skill."

■23 　정봉과 서성은 다시 군사를 둘로 나눠 각각 강과 육로로 제갈량을 추격했다. 서성은 수군병사들에게 명령해 돛을 활짝 펴 바람을 한껏 받게 했다. 얼마 지나지 않아 앞에 제갈량이 탄 배가 보였다. 거리가 좁혀지자 서성은 뱃머리에 우뚝 서서 소리쳤다. "군사께서는 가지 마십시오. 대도독께서 뵙기를 청하십니다."

　배의 고물에 앉아 있던 제갈량이 껄껄 웃었다. "돌아가서 대도독께 군사나 잘 부리라고 전하시오. 이 양은 잠시 강을 거슬러 올라가 쉴 것이며 나중에 만나자고 전하시오."

■24 　"잠시만 기다리십시오." 서성이 소리쳤다. "긴히 드릴 말씀이 있습니다."

　"내 이미 공근이 나를 보내주지 않고 죽이려 하는 걸 아오. 조자룡이 나를 기다렸던 게 그 때문이오. 그러니 더 가까이 오지 않는 게 좋을 것이오."

　제갈량의 배에 돛이 없는 것을 본 서성은 틀림없이 따라잡을 수 있을 것이라 여기고 계속 쫓아갔다. 서성이 너무 가까이 따라붙자 조운이 활에 화살을 재더니 배의 고물에 우뚝 서서 외쳤다. "나는 상산의 조자룡이다. 특별히 군사를 모셔가기 위해 왔는데 어째서 쫓아오느냐? 화살 한 방으로 너를 죽일 수도 있으나 그럼 두 집안의 사이가 틀어질 것이니 너에게 내 실력만 보여주마."

■23 **put on all sail(s)** 돛을 활짝 펴다　**for a spell** 잠시 cf. spell 잠깐의 시간

■24 **catch up with A** A를 따라잡다　**fit an arrow to the bowstring** 활시위에 화살을 재다　**expressly** 일부러, 특별한 목적으로　**a breach of the peace** 평화의 파기　**specimen** 견본, 실례

Chapter 49　**49**

With that, he shot, and the arrow whizzed overhead cutting the rope that held up the sail. Down came the sail trailing in the water and the boat swung round. Then ZhaoYun's boat hoisted its sail and the fair wind speedily carried it out of sight.

On the bank stood DingFeng. He bade his comrade come to the shore and said, "ZhuGeLiang is too clever for any man; and ZhaoYun is the bravest of the brave. You remember what he did at Long Slope Bridge in DangYang. All we can do is to return and report."

So they returned to camp and told their master about the preparations that ZhuGeLiang had made to ensure safety. ZhouYu was indeed puzzled at the depth of his rival's insight. "I will have no peace day or night while he lives," said he.

"At least wait till CaoCao is done with," said LuSu.

And ZhouYu knew he spoke wisely. Having summoned the leaders to receive orders, first he bade GanNing, "Take with you the false deserter CaiZhong and his soldiers and go along the south bank, showing the flags of CaoCao, till you reach the Crow Forest just opposite the enemy's main store of grain and forage. Then you are to penetrate as deeply as possible into the enemy's lines and set fire as a signal. CaiHei is to be kept in camp for another purpose."

■25   말을 마친 조운이 화살을 날리자 화살은 휙 소리와 함께 서성의 머리 위를 가르며 지나가 돛을 맨 밧줄을 끊어버렸다. 돛이 강물 속으로 떨어지며 배 뒤편으로 밀려나자 서성의 배가 휙 돌아갔고 그때서야 조운은 배에 돛을 올리더니 바람을 받아 눈깜짝할 사이에 시야에서 사라져버렸다.

강기슭에 서 있던 정봉이 서성을 불러 말했다. "제갈량의 지략은 아무도 따를 수 없네. 게다가 조운은 천하 제일의 맹장일세. 당양의 장판교에서 조운이 어땠는지 기억하는가? 지금 우리가 할 수 있는 일은 그저 돌아가서 보고를 올리는 것뿐이네."

■26   두 사람이 영채로 돌아가 제갈량이 자신의 몸을 지키기 위해 어떻게 대비했었는지를 주유에게 보고하자 주유는 제갈량의 깊은 통찰력에 무척 당혹스러워했다. "제갈량이 살아 있는 한 밤이든 낮이든 내가 편히 쉬지 못하겠구나." 주유가 말했다.

"먼저 조조를 처치한 다음 생각합시다." 노숙이 말했다.

■27   노숙이 말이 옳았으므로 주유는 장수들을 불러모아 명령을 내렸다. 우선 감녕에게 명했다. "거짓으로 항복해온 채중과 그의 군사들을 거느리고 조조의 깃발을 앞세워 남쪽 기슭을 따라 까마귀 숲까지 가시오. 그곳은 조조의 군량과 말먹이풀이 있는 곳의 맞은편이오. 거기에서 적의 군중으로 가능한 깊숙이 파고들어 불을 질러 신호로 삼으시오. 채화는 영채에 남겨두시오. 내가 쓸 데가 있소."

■25 **whizz overhead** 머리 위로 휙 소리를 내다 **trail** (옷 등이 ~의 뒤에서) 끌리다 **swing round** 둥글게 회전하다 cf. swing-swung-swung **hoist** 들어올리다

■26 **insight** 통찰(력) **do with** ~을 처치[처리]하다

Chapter 49   51

■ 28 The next order was for TaiShiCi; "You are to lead two thousand soldiers as quickly as possible to HuangZhou and cut the enemy's communications with HeFei. Attack immediately and give us a signal by fire and if you see a red flag, you will know that our lord Sun is at hand with reinforcements." GanNing and TaiShiCi had the farthest to go and started first.

■ 29 Then LuMeng was sent into the Crow Forest with three thousand troops as a support to GanNing who was ordered to set fire to CaoCao's depot.

A fourth party of three thousand soldiers led by LingTong was to go to the borders of YiLing and attack as soon as the signal from the forest was seen.

A fifth party of three thousand under DongXi went to HanYang to fall upon the enemy along the Han River: Their signal was a white flag.

And a sixth division of three thousand commanded by PanZhang was told to march with white flags to HanYang and to support DongXi.

28 다음에는 태사자에게 명령했다. "공은 2000의 군사를 이끌고 최대한 빨리 황주로 가서 합비와의 연락 통로를 끊으시오. 신속하게 공격하고 불을 질러 신호하시오. 붉은 기가 보이거든 우리 주공께서 지원 병력을 이끌고 오신 걸로 알면 되오." 감녕과 태사자는 갈 길이 멀어 먼저 출발했다.

29 주유는 다음으로 여몽에게 3000의 군사를 주어 까마귀 숲으로 보내 조조군의 군량을 태울 감녕을 돕게 했다.

네 번째로는 능통에게 3000의 군사를 주어 이릉(彝陵)의 경계선까지 나갔다가 까마귀 숲에서 불이 나는 것을 신호로 공격하게 했다.

다섯 번째로 동습에게 3000의 군사를 주어 한양(漢陽)으로 나아가 흰 깃발이 보이면 한천을 따라 주둔해 있는 조조군을 치게 했다.

여섯 번째로는 반장에게 3000의 군사를 주어 하얀 깃발을 들고 한양으로 진군해 동습을 돕게 했다.

28 **be at hand** 가까이에 있다, 근처에 있다   29 **depot** 창고, 여기에서는 군량 저장소

■ 30   When these six parties had gone off, HuangGai got ready his fire ships and sent a soldier with a note to tell CaoCao that he was coming over that evening. Four squadron of fighting ships were ordered to support HuangGai.

The four squadrons, each of three hundred ships, were placed under four commanders, HanDang, ZhouTai, JiangQin and ChenWu. A score of fire ships preceded them.

ZhouYu and ChengPu went on board one of the largest ships to direct the battle. Their guards were DingFeng and XuSheng. LuSu, KanZe and the advisers were left to guard the camp. ChengPu was greatly impressed with ZhouYu's ordering of the attack.

■ 31   Then came a messenger bearing a message from SunQuan, saying that LuXun was made leader of the van and was ordered to attack the area around JiChun and HuangZhou. SunQuan himself would support him. ZhouYu also sent men to the western hills to explode signal bombs and to hoist flags on the Southern Screen Hills. So all being prepared, they waited for dusk.

■30 이들 여섯 부대들이 출발하자 황개는 불을 붙일 배들을 준비하게 하고 사람을 보내 조조에게 그날 저녁 항복하겠다는 밀서를 전했다. 주유는 싸움배 4선단에게 황개를 지원하라 명했다.

싸움배 4선단은 각각 300척의 싸움배들을 거느렸는데 한당, 주태, 장흠, 진무가 지휘했고 20척의 불을 붙일 배들을 앞세웠다.

주유와 정보는 전투를 지휘하기 위해 가장 큰 싸움배들 중 한 척에 올랐고 정봉과 서성이 호위를 맡았다. 노숙, 감택과 다른 모사들은 뒤에 남아 영채를 지키게 되었다. 정보는 주유가 공격을 지휘하는 것을 보고 크게 탄복했다.

■31 이때 손권이 보내는 소식을 전하는 사자가 도착했다. 손권이 육손을 선봉장으로 삼아 기춘과 황주 인근을 공격하게 하고 손권 자신은 육손을 뒷받침하겠다는 내용이었다. 주유 역시 서산으로 병사들을 보내 신호포를 터뜨리게 하고 남병산에서 신호 깃발을 들게 했다. 모든 준비가 끝나자 그들은 땅거미가 지기만을 기다렸다.

■30 **precede A** A에 선행하다[앞서다] **go on board ~** ~에 승선하다 ■31 **explode A** A를 폭발시키다

32 Here it is necessary to diverge from the direct narrative to say that LiuBei was at XiaKou anxiously awaiting the return of his adviser. Then appeared a fleet led by LiuQi, who had come to find out how matters were progressing. LiuBei sent to call him to the battle tower and said to him, "The south-east wind had begun to blow but ZiLong who had gone to meet KongMing did not return. I am very worried about them." Not long after, a single sail was seen coming up before the wind and LiuBei knew it was ZhuGeLiang, Instructor General of the Army. So LiuBei and LiuQi went down to meet the boat. Soon the vessel reached the shore and ZhuGeLiang and ZhaoYun disembarked.

33 LiuBei was very glad and after they had inquired after each other's well-being, ZhuGeLiang said, "There is no time to tell of any other things now. Are the soldiers and ships ready?"

"They have long been ready," replied LiuBei. "They only await you to direct how they are to be used."

The three then went to the tent and took their seats. ZhuGeLiang at once began to issue orders. "ZiLong, with three thousand troops, is to cross the river and go to the Crow Forest by the minor road. You will choose a dense jungle and prepare an ambush. Tonight, after the fourth watch (1 am~3 am), CaoCao will hurry along that way. When half his men have passed, set fire to the jungle. CaoCao will not be wholly destroyed but many will perish."

32 여기서 이야기의 배경을 돌려보면 유비는 하구(夏口)에서 제갈량이 돌아오기를 애타게 기다리고 있었다. 그때 유기가 함대를 이끌고 상황이 어떻게 되어 가는지 알아보기 위해 나타났다. 유비는 유기를 전투탑으로 불러 말했다. "동남풍이 불기 시작한 지 오래인데 공명을 마중 나간 자룡이 아직 돌아오지 않아 걱정이 이만저만이 아니네." 얼마 지나지 않아 순풍을 받고 미끄러져 오는 배 한 척이 보이자 유비는 제갈량임을 알아차리고 유기와 함께 배를 맞이하기 위해 내려갔다. 곧 배는 강기슭에 닿았고 제갈량과 조운이 내렸다.

33 유비는 몹시 기뻤다. 서로의 안부를 묻고 난 후 제갈량이 말했다. "지금 다른 일은 말씀드릴 시간이 없습니다. 군사들과 배는 준비되었습니까?"

"이미 오래 전에 준비해뒀소." 유비가 대답했다. "군사께서 쓰시기만 기다리고 있는 중이오."

유비, 유기와 함께 장막으로 들어가 자리를 잡고 앉은 제갈량은 즉각 명령을 내리기 시작했다. "자룡은 3000의 군사들을 거느리고 강을 건너 샛길을 따라 까마귀 숲으로 가서 수풀이 울창한 곳을 골라 매복을 준비하시오. 오늘 밤 4경(1 am~3 am), 조조가 그쪽으로 황급히 지날 것이오. 조조의 군사가 절반이 지나가거든 숲에 불을 지르시오. 조조군을 전부는 아니지만 상당히 많이 죽이게 될 것이오."

---

32 diverge from A A로부터 갈라지다 vessel 배, 선박 disembark 내리다, 하선하다

"There are two roads," said ZhaoYun. "One leads to JingLing* and the other to JiangLing. I don't know by which he will come."

ZhuGeLiang said, "The road to JingLing is too dangerous; CaoCao will certainly pass along the JiangLing road, so that he may get away to XuChang."

Then ZhaoYun went away. Next ZhuGeLiang said to ZhangFei, "You will take three thousand soldiers over the river to cut the road to YiLing. You will ambush in HuLu Valley. CaoCao, not daring to go to South YiLing, will go to North YiLing. Tomorrow, after the rain, he will halt to refresh his men. As soon as the smoke is seen to rise from their cooking flames, you will set fire to the hillside. You will not capture CaoCao but you will render excellent service."

So ZhangFei left. Next, MiZhu, MiFang and LiuFeng were called. They were to take command of three thousand troops and go along the river to capture the beaten soldiers and their weapons.

The three left. Then ZhuGeLiang said to LiuQi, "The country around WuChang is very important and I wish you to take command of your own troops and station them at strategic points. CaoCao's soldiers, being defeated, will flee there, and you will capture them. But you are not to leave the city without the best of reasons." And LiuQi took leave.

58

> 34

"까마귀 숲에는 길이 두 갈래요." 조운이 말했다. "한 길은 경릉(竟陵)*으로 통하고 다른 길은 강릉으로 통하는데 조조가 어느 길로 올지 모르겠소."

제갈량이 말했다. "경릉으로 가는 길은 너무 위험하니 조조는 허창으로 달아나고자 틀림없이 강릉으로 가는 길로 올 것이오."

계책을 받은 조운은 떠났다. 다음으로 제갈량이 장비에게 말했다. "익덕은 3000의 군사들을 이끌고 강을 건너 이릉으로 가는 길을 막고 호로곡(葫蘆谷)에 매복하시오. 조조는 남이릉으로는 감히 가지 못하고 북이릉으로 갈 것이오. 내일 비가 온 뒤, 조조가 군사들을 쉬게 하려고 멈출 것이오. 조조군 쪽에서 밥을 짓는 연기가 피어오르거든 산 옆에 불을 지르시오. 조조를 잡지는 못하겠지만 큰 공을 세우게 될 것이오."

> 35

계책을 받은 장비가 떠나자 다음은 미축과 미방, 유봉의 차례였다. 제갈량은 이들에게 3000의 군사를 주어 강을 따라 이동하면서 패잔병들을 사로잡고 그들이 버린 무기를 거두게 했다.

세 사람이 명을 받아 떠나자 제갈량이 유기에게 말했다. "무창(武昌) 인근은 매우 중요한 지역이니 공자는 데려온 군사들을 이끌고 그곳 요충지에 진을 치시오. 조조군이 패하면 무창쪽으로 달아나는 패잔병들이 있을 것이니 사로잡으시오. 하지만 꼭 필요한 경우가 아니면 성을 떠나서는 안 되오." 유기도 명을 받고 떠났다.

> 34 *JingLing 경릉(竟陵): 경릉과 바로 뒤에 나오는 강릉은 모두 형주 남군에 속하는 지명이다. 특히 강릉은 남군의 치소이다.

Then ZhuGeLiang said to LiuBei, "I wish you to remain quietly and calmly in a high tower at FanKou to watch ZhouYu work out his great scheme this night."

All this time GuanYu has been silently waiting his turn but ZhuGeLiang said no word to him. When he could bear this no longer, he cried, "Since I first followed my brother to battle many years ago, I have never been left behind. Now that great things are afoot, is there no work for me? What is meant by it?"

■36 그러자 제갈량이 유비에게 말했다. "주군께서는 저와 함께 번구의 높은 탑에 머무르시며 오늘 밤 주유가 일을 처리하는 걸 구경만 하시면 됩니다."

이때까지 관우는 옆에서 조용히 차례를 기다리고 있었으나 제갈량이 자기에게는 한 마디도 하지 않자 더 이상 참지 못하고 목청을 돋우어 소리쳤다. "내가 형님을 따른 이후로 수많은 전투를 겪었으나 단 한 차례도 남에게 뒤처진 적이 없소. 이제 큰 전투를 앞에 두고 나만 임무가 없으니 이게 무슨 뜻이오?"

■36 **bear A** A를 참다[견디다] **now (that) ~** ~때문에, ~이니, ~인데(=because, as a result of ~) **afoot** 진행 중에

"You should not be surprised. I wanted you for service at a most important point, only that there was something standing in the way that prevented me from sending you," said ZhuGeLiang.

"What could stand in the way? I need your explanation."

"You see CaoCao was once very kind to you and you can't help feeling bound to return his kindness. Now when his soldiers have been beaten, he will have to flee along the HuaRong road and if I send you to guard it, you will surely let him pass. So I will not send you."

"You are most considerate, Instructor General. But though it is true that he treated me well, yet I slew two of his most redoubtable opponents, YanLiang and WenChou, by way of repayment, besides raising a siege at BaiMa. If I happen upon him on this occasion, I will never let him go."

"But what if you do?"

"You could deal with me by military rules."

"Then put that in writing."

So GuanYu wrote a formal undertaking and gave the document to ZhuGeLiang.

"운장은 놀라지 마시오. 사실 운장에게 아주 중요한 곳을 지키게 할 생각이었으나 걸리는 게 하나 있어서 보내지 못한 것이오." 제갈량이 말했다.

"뭐가 걸린단 말이오? 말해 주시오!"

"옛날 조조가 공에게 큰 은혜를 베푼 적이 있어 공은 보답해야 한다는 생각을 하지 않을 수 없소. 이제 조조가 패하면 반드시 화용도(華容道)를 따라 달아날 텐데 내가 공을 보내 화용도를 지키게 하면 공은 틀림없이 조조를 그냥 놓아줄 것이오. 그래서 보내지 않는 것이오."

"군사의 헤아림은 참으로 자상하오. 하지만 조조가 나에게 은혜를 베푼 게 사실이더라도 내가 이미 그의 최대 강적 안량과 문추를 죽여 은혜를 갚았고 게다가 백마에서는 조조가 포위당한 것을 풀어주기까지 했소. 이번에 조조를 만나더라도 결코 놓아주지 않을 것이오."

"놓아주면 어떻게 하겠소?"

"군법에 따라 처벌을 달게 받겠소."

"그렇다면 서약서를 쓰시오."

관우가 서약서를 써서 제갈량에게 건넸다.

---

37 **only (that)** 하지만(=but) **stand in the way** 방해가 되다, 길을 막고 서다 **prevent A from ~ing** A가 ~하지 못하게 방해하다 **feel bound to V** V해야 한다고 느끼다 **redoubtable** 가공할, 강력한 **by way of repayment** 보답[상환]의 방법으로 **raise a siege at A** A에서 포위를 풀어주다 **happen upon A on this occasion** 이번 일로 A와 (우연히) 맞닥뜨리다 **undertaking** 약속, 보증

"What happens if CaoCao doesn't pass that way?" GuanYu asked suspiciously.

"I will give you a written engagement that he will pass." GuanYu was very pleased. Then ZhuGeLiang continued, "On the hills by HuaRong Valley, you are to raise a heap of wood and grass to make a great column of smoke and mislead CaoCao into coming."

"If CaoCao sees a smoke, he will suspect an ambush and will not come," said GuanYu.

"Don't you know about the military ruse letting weak points look weaker and strong points look stronger?" said ZhuGeLiang with smile. "CaoCao is an able leader but you can deceive him this time. When he sees the smoke, he will take it as a subterfuge and risk going that way. But don't let your kindness of heart rule your conduct."

38 "만약 조조가 화용도로 오지 않으면 어떻게 하겠소?" 관우가 미심쩍은 듯 물었다.

"나도 공에게 조조가 지나갈 것임을 확인하는 문서를 써주겠소." 관우가 크게 기뻐했다. 제갈량이 계속 말을 이었다. "화용 계곡의 옆 산에 장작과 풀을 쌓고 불을 질러 연기를 대량으로 피워 조조를 유인하시오."

"조조가 연기를 보게 되면 매복을 우려하여 오지 않을 것이오." 관우가 말했다.

"공은 허한 곳은 더 허하게, 강한 곳은 더 강하게 보이게 하는 허허실실(虛虛實實) 전법을 모르시오?" 제갈량이 웃으며 말했다. "조조가 대단한 장수이긴 하나 이 방법으로 이번에 속일 수 있소. 조조는 연기가 보이면 이를 계략으로 여겨 위험을 감수하고라도 연기가 나는 쪽으로 올 것이오. 연민 때문에 큰일을 그르치지나 마시오."

---

38 **written engagement** 약속 문서 **subterfuge** 원하는 것을 얻기 위한 계략 **let A rule B** A가 B에 절대적 영향을 미치다; A가 B를 지배하다

Thus his duty assigned, GuanYu left, taking ZhouCang and his adopted son, GuanPing, and half a thousand swordsmen.

LiuBei said, "His sense of rectitude is very profound; if CaoCao actually comes that way, I fear my brother will let him pass."

ZhuGeLiang said with smile, "I have consulted the stars and CaoCao the rebel is not fated to come to his end yet. I have purposely designed this manifestation of kindly feeling for YunChang to accomplish and so act handsomely."

"Indeed there are few such far-seeing men as you are," exclaimed LiuBei.

The two then went to FanKou from where they might watch ZhouYu's evolutions. SunQian and JianYong were left on guard of XiaKou.

CaoCao was in his great camp in conference with his advisers and awaiting the arrival of HuangGai. The southeast wind was very strong that day and ChengYu was insisting on the necessity for precaution. But CaoCao laughed, saying, "The winter solstice is the point where Yang waxes while Yin wanes. There is sure to be some southeast wind at someone or other of its recurrences. I see nothing to wonder at."

■ 39　관우는 이렇게 임무를 받아 주창과 양자인 관평, 그리고 500의 칼잡이들을 데리고 출발했다.

유비가 말했다. "운장은 양심에 걸리는 행동은 절대 못하는 사람이라 조조가 화용도로 정말 간다면 놓아주게 될까 걱정이오."

제갈량이 웃으며 대답했다. "별자리를 살펴보면 조조 역적의 목숨은 아직 끝날 때가 아닙니다. 그래서 제가 운장이 은혜를 베풀어 멋진 모습을 보이도록 의도적으로 꾸민 일입니다."

"정말 선생처럼 멀리 내다보는 사람은 없을 것이오." 유비가 감탄했다.

유비와 제갈량은 주유 군사들의 솜씨를 구경하기 위해 함께 번구로 갔다. 뒤에는 손건과 간옹을 남겨 하구(夏口)를 지키게 했다.

■ 40　조조는 자신의 대규모 영채에서 모사들과 회의를 벌이며 황개가 도착하기를 기다렸다. 그날 동남풍이 매우 거세게 일어나자 정욱이 대비책을 강구해야 함을 역설했다. 그러나 조조는 웃으며 대답했다. "동지(冬至)는 양의 기운이 일어나고 음의 기운이 약해지기 시작하는 시점이니 그 순환의 어느 시점에 동남풍이 조금 일어나는 건 당연하오. 이상할 것 없소."

■ 39 **assign** 할당하다, 배정하다 **sword(s) man** 검객, 칼잡이 **rectitude** 올바름, 엄정, 정직 **be fated to come to one's end** 목숨이 다할 운명이다 **manifestation of kindly feeling** 친절한 마음의 표현: designed의 목적어이자 accomplish의 목적어이기도 하다 **act handsomely** 후하게[훌륭하게] 행동하다 **evolution** 기동연습

■ 40 **winter solstice** 동지 cf. summer solstice 하지, spring equinox 춘분, autumn equinox 추분 **wax** 커지다, 증대하다; (달이) 차다 **wane** 약해지다, 쇠퇴하다; (달이) 기울다 **recurrence** 되풀이, 순환

41 Just then they announced the arrival of a small boat from the other shore with a letter from HuangGai. The bearer of the letter was brought in and presented it. It stated:

> ZhouYu has kept such strict watch that there has been no chance of escape. But now some grain is coming down river and I, HuangGai, have been named as escort commander, which will give me the opportunity I desire. I will slay one of the known captains and bring his head as an offering when I come. This evening at the third watch (11 pm~1 am), if boats are seen with indented flags bearing the picture of a dragon, they will be the grain boats.

42 This letter delighted CaoCao, who with his officers went to the naval camp and boarded a great ship to watch for the arrival of HuangGai.

In JiangDong, when evening fell, ZhouYu sent for CaiHe and bade the soldiers bind him. The unhappy man protested that he had committed no crime but ZhouYu said, "What sort of a fellow are you, do you think, to come and pretend to desert to my side? I need a small sacrifice for my flag and your head will serve my purpose. So I am going to use it."

41 　그때 건너편 강기슭에서 황개가 보내는 편지를 전하러 쪽배 한 척이 도착했다는 보고가 올라왔다. 조조가 불러들이니 밀사가 들어와 조조에게 편지를 바쳤다. 편지의 내용은 이랬다.

　주유의 감시가 심해 몸을 뺄 기회가 없었습니다. 하지만 이제 군량의 일부가 강을 통해 내려오는데 저 황개가 그 수송을 책임지게 되면서 고대했던 기회를 잡았습니다. 이곳 장수 하나의 머리를 베어 승상께 바치는 선물로 삼을까 합니다. 오늘 저녁 3경(11 pm~1 am), 톱니 장식에 용이 그려진 깃발을 단 배들이 보이실 텐데 바로 식량을 나르는 배들입니다.

42 　조조는 크게 기뻐하며 장수들과 함께 수군 영채에 있는 큰 배에 올라 황개가 도착하기를 기다렸다.
　강동에서는 날이 어두워지자 주유가 채화를 부르더니 채화가 오자 군사들에게 그를 결박하게 했다. 채화가 나에게 무슨 죄가 있느냐고 항변하자 주유가 말했다. "너는 어떤 놈이길래 강동에 와서 거짓으로 항복할 수 있다고 생각한 거냐? 마침 깃발 아래 놓을 제물이 필요한데 네놈 머리가 괜찮을 것 같으니 좀 써야겠다."

41 keep strict watch 엄밀히 감시하다　such ~ that … 매우 ~해서 …이다　　**42** board A A에 승선하다

CaiHe being at the end of his tether unable to deny the charge suddenly cried, "Two of your own side, KanZe and GanNing, are also in the plot!"

"Under my directions," said ZhouYu matter-of-factly.

CaiHe was exceedingly repentant and sad, but ZhouYu bade them take him to the river bank where the black standard had been set up and there, after the pouring of a libation and the burning of paper, he was beheaded, his blood being a sacrifice to the flag.

This ceremony over, the ships started and HuangGai took his place on the third ship. He merely wore breast armor and carried a keen blade. On his flag were written "Van leader HuangGai." With a fair wind, his fleet sailed toward Red Cliffs.

The wind was strong and the waves ran high. CaoCao in the midst of the central squadron eagerly scanned the river which rolled down under the bright moon like a silver serpent writhing in innumerable folds. Letting the wind blow full in his face, CaoCao laughed aloud for he was now to obtain his desire.

Then a soldier pointing to the river said, "The whole south is one mass of sails and they are coming up on the wind."

CaoCao went to a higher point and gazed at the sails intently and his men said to him, "The flags are black, indented and carrying the picture of a dragon and among them there flew one very large banner on which is a name HuangGai."

▪43 궁지에 몰려 변명의 여지가 없어지자 채화가 느닷없이 소리쳤다. "너희들 중 감택과 감녕 두 사람도 함께 모의했다."

"내가 시킨 일이다." 주유가 대수롭지 않다는 듯 대답했다.

채화는 땅을 치고 후회하며 절망했으나 주유의 명령에 따라 강둑에 검은 기가 세워져 있는 곳으로 끌려갔다. 그곳에서 강에 술을 바치고 종이를 태우는 의식이 끝난 후 채화는 목이 잘렸고 그의 피는 깃발에 제물이 되었다.

▪44 의식이 끝나자 배들이 출발했다. 황개는 셋째 배에 자리를 잡았는데 엄심갑만을 둘렀으며 날카로운 칼을 들었다. 배의 깃발에는 '선봉 황개'라 새겨져 있었다. 황개의 선단은 순풍을 받아 적벽(赤壁: 붉은 벼랑)으로 향했다.

바람은 거셌고 파도는 높았다. 수군 영채 중앙에 위치한 선단에서도 한가운데에 있던 조조는 열심히 강을 살펴보았다. 장강은 밝은 달빛 아래 겹겹이 똬리를 튼 은빛 뱀처럼 굽이치며 펼쳐져 있었다. 조조는 얼굴에 들이치는 바람을 그대로 맞으며 곧 뜻을 이룰 생각에 큰소리로 껄껄 웃었다.

▪45 그때 병사 하나가 강을 가리키며 말했다. "남쪽에 돛을 단 배들이 가득한데 바람을 받아 이쪽으로 오고 있습니다."

조조가 높은 곳으로 올라 배들을 유심히 살펴보는데 수하들이 말했다. "깃발이 검은 색이고 가장자리가 톱니처럼 갈라졌으며 용 그림이 그려져 있는데 그 중 커다란 깃발 하나가 펄럭이고 있고 황개라는 이름이 적혀 있습니다."

▪43 **at the end of one's tether** 궁지에 몰려, 막다른 골목에 이르러 **matter-of-factly** 당연하다는 듯이, 대수롭지 않게 **repentant** 후회하는 **libation** (신에게 바치는) 헌주

▪44 **keen** 날카로운, 예리한 **scan A** A를 자세히 살피다 **serpent** 뱀 **writhe** 몸을 뒤틀다 **innumerable** 셀 수 없는

▪45 **sail** 돛; 배 **come up on the wind** 바람을 받아 오다 **intently** 열심히 **indented** 톱니 모양의, (가장자리가) 들쭉날쭉한

Chapter 49

"That is my friend the deserter," said he joyfully. "Heaven is on my side today."

As the ships drew closer, ChengYu said, "Those ships are treacherous. Don't let them approach the camp."

"How do you know that?" asked CaoCao.

And ChengYu replied, "If they were laden with grain, they would lie deep in the water. But these are light and float easily. The south-east wind is very strong and if they intend treachery, how can we defend ourselves?"

CaoCao began to understand. Then he asked, "Who will go out to stop them?"

WenPing volunteered. "I am well used to the waters."

Thereupon he sprang into a small light craft and sailed out, followed by a half score of cruisers which came at his signal. Standing in the prow of his ship, he called out to those advancing toward them, "You southern ships are not to approach; such are the orders of the Prime Minister. Stop there in mid stream."

46 "황개가 투항하는구나." 조조가 기뻐하며 말했다. "오늘은 하늘이 나의 편이다."

배들이 점점 접근하는데 정욱이 말했다. "배들이 수상합니다. 영채에 가까이 오지 못하게 하십시오."

"그걸 어떻게 아오?" 조조가 물었다.

정욱이 대답했다. "배에 곡식이 실려 있으면 선체가 물에 깊이 잠겨야 합니다. 그런데 이 배들은 가벼워 선체가 잠겨 있지 않습니다. 남동풍이 거세게 부는데 저들이 속임수를 쓰는 거라면 우리가 어떻게 막아낼 수 있겠습니까?"

47 조조가 그때서야 깨닫고 물었다. "누가 나가서 배들을 막겠는가?"

문빙이 나섰다. "제가 물에 제법 익숙합니다."

말을 마친 문빙은 작은 배에 뛰어올라 신호를 보내 10척의 순찰선들을 이끌고 나갔다. 뱃머리에 우뚝 선 문빙은 접근해오는 배들에 대고 소리쳤다. "남쪽의 배들은 접근을 멈춰라. 승상의 명령이시다. 강 가운데에 배를 세워라."

---

46 be laden with A A를 지고 있다   **47** be well used to A A에 무척 익숙하다

Chapter 49 73

■48   The soldiers all yelled to them to lower their sails. The shout had not died away, when a bowstring twanged and WenPing rolled down into the ship with an arrow in the left arm. Confusion reigned on his ship and all the others hurried back to their camp.

When the ships from the south were about a couple of *li* distant, HuangGai waved his sword and the leading ships broke forth into fire, which, under the force of the strong wind, soon gained strength and the ships became as fiery arrows. Soon the whole twenty dashed into the naval camp.

■49   All CaoCao's ships were gathered there and as they were firmly chained together, not one could escape from the others and flee. When the twenty fireships rammed into the fettered fleet at once, tremendous crashes were heard and CaoCao's ships caught fire. The face of the Three Rivers was speedily covered with huge flames, which flew before the wind from one ship to another. It seemed as if the universe was filled with fire.

48 문빙의 군사들이 모두 돛을 내리라고 고함을 치는데 그 소리가 채 사라지기도 전에 활 시위를 튕기는 소리가 나더니 문빙이 왼쪽 팔에 화살을 맞고 배 안으로 고꾸라졌다. 배는 순식간에 아수라장이 되었고 다른 배들도 모두 영채로 달아났다.

남쪽의 배들이 영채에서 몇 리 밖까지 접근하자 황개가 검을 휘둘렀다. 그러자 선두에 선 배들이 순식간에 화염에 휩싸이더니 강한 바람을 타고 불길이 맹렬하게 타올랐다. 각각의 배들이 불화살처럼 변하자 곧 20척의 배들이 조조의 수군 영채로 돌진해 들어갔다.

49 조조의 배들은 모두 모여 있는데다가 사슬로 단단히 엮여 있었기 때문에 단 한 척도 대열에서 벗어나 달아나지 못했다. 서로 묶여진 조조의 함선들을 20척의 화공선(火攻船)들이 지체 없이 들이받자 엄청난 충돌음과 함께 조조의 배들에 불이 옮겨 붙었다. 삼강(三江)의 수면은 금세 거대한 화염으로 뒤덮였고 불길은 바람을 타고 이 배에서 저 배로 빠르게 번져갔다. 마치 하늘과 땅이 온통 불바다가 된 것 같았다.

48 **die away** 사그라지다 **confusion reigned on A's ship** A의 배에 혼란이 지배하다. (아수라장이 되다) **be about ~ distant** (거리가) 약 ~ 떨어지다 **break forth into A** 별안간 A 상태가 되다 **fiery arrow** 불화살 **dash into A** A로 돌진하다

49 **fireship** 화공선(火攻船): 폭발물을 실은 적함 파괴용 배 **ram into the fettered A at once** 사슬로 엮여진 A를 즉각 들이받다

Chapter 49

50   CaoCao looked back to his camps on the riverside and saw thick black columns of smoke rising. He was at his wits' end for the moment, when HuangGai, with a few men at his back, leaped into a small boat, dashed through the fire and sought CaoCao. Seeing the imminence of the danger, CaoCao was making for the land; ZhangLiao got hold of a small boat into which he helped his master; none too soon, for the ship was burning. They got CaoCao out of the thick of the fire and dashed for the bank.

▣50　　조조가 강기슭에 있는 영채들을 돌아보니 시꺼먼 연기가 사방에서 뭉게뭉게 피어오르고 있었다. 조조가 어찌할 바를 몰라 잠시 허둥대는데 이때 황개가 병사 몇을 거느리고 작은 배로 몸을 날려 옮겨 타더니 불길을 헤치며 조조를 찾기 시작했다. 위기가 임박했음을 느낀 조조가 육지를 향해 달아나려고 하자 장료가 쪽배 한 척을 마련해 조조를 태웠다. 때마침 조조가 타고 있었던 큰 배에도 불이 옮겨 붙었다. 장료는 조조를 거센 불길에서 빼내 강기슭을 향해 전속력으로 노를 저었다.

▣50 **at one's wits' end** 어찌할 바를 몰라　**imminence of the danger** 위험의 임박　**make for A** A쪽으로 향해 가다　**none too soon** 마침, 제때에

HuangGai, seeing a handsomely robed person get into a small boat, guessed it must be CaoCao and pursued. He drew very near and he held his keen blade ready to strike, crying out, "You rebel! Don't flee. I am HuangGai!"

CaoCao howled in the bitterness of his distress. ZhangLiao fitted an arrow to his bow and aimed at the pursuer, shooting at short range. The roaring of the gale and the flames kept HuangGai from hearing the twang of the string and he was wounded in the shoulder. He fell and rolled over into the water.

> He fell in peril of water
> When flames were high;
> Ere cudgel bruises had faded,
> An arrow struck.

HuangGai's fate will be told in the next chapter.

51 화려한 옷을 입은 자가 작은 배에 오르는 것을 본 황개는 조조가 틀림없다고 판단하고 추격에 나섰다. 바짝 거리를 좁힌 황개가 서슬이 시퍼런 검을 꼬나쥐고 소리쳤다. "역적 조조는 달아나지 마라. 황개가 여기 있다!"

공포에 질린 조조가 길게 비명을 지르는데 장료가 활에 화살을 재더니 바짝 다가선 황개를 겨냥해 쏘았다. 거센 바람이 부는 소리와 불이 타는 소리가 뒤섞여 황개는 활시위 튕기는 소리를 듣지 못했다. 장료의 화살이 어깨에 적중하자 황개는 거꾸러지면서 물에 빠졌다.

황개 물에 빠졌구나
불길 활활 타오를때
매로 얻은 멍아물기
전에 화살 맞았구나

황개의 목숨은 어떻게 될까?

---

51 **howl** 아우성치다; (개, 이리 등이) 소리를 길게 뽑으며 울다 **at short range** 근거리에서 **keep A from ~ing** A가 ~하지 못하게 하다 **peril** 위험 **ere** 〈시, 옛〉 ~하기 전에 **cudgel bruise** 매에 맞아 생긴 멍 **fade** 희미해지다

Chapter 49

Chapter 50

ZhuGeLiang Foresees the HuaRong Episode GuanYu Releases CaoCao

01   The last chapter closed with HuangGai in the water wounded, and CaoCao rescued from immediate danger. ZhangLiao escorted CaoCao ashore, where they found horses and fled. Confusion became rampant among CaoCao's soldiers without their leader. Pressing forward to attack the naval camp, HanDang was told by his soldiers that someone was clinging to the rudder of his boat and shouting to him by his style name. HanDang listened carefully and in the voice at once he recognized that HuangGai was calling to him for help.

공명은 화용도 내다보고
관우는 조조를 놓아주다

01　앞장에서 황개가 부상을 당해 물속으로 떨어지면서 조조는 아찔한 순간을 벗어났었다. 장료는 조조를 강기슭까지 데려가 말을 구해 달아났다. 지도자를 잃은 조조의 군사들은 혼란에 빠졌다. 군사들을 휘몰아 조조의 영채를 들이치던 한당에게 병사들이 말했다. 누군가 배의 키에 매달려 한당의 자를 부르고 있다는 것이었다. 한당이 귀를 기울여보니 목소리의 주인공은 황개였고 구해달라고 외치고 있었다.

01 rampant 만연하는　**rudder** (배의) 키, (비행기의) 방향타

Chapter 50

"That is my friend HuangGongFu (HuangGai)," cried he and they quickly pulled the wounded leader out of the water. Then they saw HuangGai was wounded for the arrow still stuck. HanDang bit out the shaft of the arrow but the point was deeply buried in the flesh. HanDang hastily pulled off HuangGai's wet garments and cut out the metal arrowhead with a dagger, tore up one of the flags and bound up the wound. Then HanDang gave his friend his own fighting robe to put on and sent him off in a small boat back to camp.

HuangGai's escape from drowning must be taken as proof of his natural affinity for, or sympathy with water. Although it was the period of great cold and he was heavy with armor, when he fell into the river yet he escaped with life.

In this great battle at the junction of the rivers, when fire seemed to spread over all the wide surface of the water, when even the earth quaked with the roar of battle, when marine forces closed in on both wings—left wing led by HanDang and JiangQin, and right wing commanded by ZhouTai and ChenWu—and several warship squadrons commanded by ZhouYu, ChengPu, DingFeng and XuSheng advanced on the front, when the ferocity of fire answered the clash of weapons and weapons were aided by fire, under the thrusts of spears and the flights of arrows, burnt by fire and drowned by water, CaoCao lost an incalculable number of men.

And a poet wrote:

"내 친구 황공복(황개)이다." 한당이 소리치자 병사들이 재빨리 상처를 입은 황개를 강물에서 끌어냈다. 황개를 살펴본 사람들은 화살이 여전히 박혀 있는 것을 보고 황개가 부상을 당한 것을 알았다. 한당이 화살의 대를 이로 물어 뽑았으나 화살촉은 빠져나오지 않았다. 한당은 서둘러 황개의 젖은 갑옷을 벗기고 단검으로 화살촉을 파낸 후 깃발 하나를 찢어 상처를 동여맸다. 한당은 자신의 전포를 황개에게 입혀 주고 작은 배에 태워 영채로 되돌려 보냈다.

　황개가 물에 빠져 죽지 않은 것은 훌륭한 헤엄 솜씨를 타고났기 때문이었다. 이러한 수영 실력 덕분에 추운 겨울에 무거운 갑옷까지 입은 채로 물에 빠졌으나 목숨을 구했던 것이다.

　삼강이 만나는 곳에서 벌어진 이 어마어마한 전투에서 불길은 강의 넓은 수면을 온통 뒤덮는 듯했고, 수군들이 장강의 좌우 양편에서 밀고 들어와 육지까지 전투의 함성으로 뒤흔들렸다. 왼쪽은 한당, 장흠이 이끄는 전함들이, 오른쪽은 주태, 진무가 이끄는 전함들이었고 주유, 정보, 정봉, 서성이 이끄는 수군 함대들은 정면을 치고 들어왔다. 맹렬하게 타오르는 불길 속에서 병장기들이 치고 부딪치는 소리가 어지러운데 내지르는 창과 비 오듯 쏟아지는 화살들 사이로 화염마저 타올라 조조는 수많은 병사들을 잃었고 불에 타죽고 물에 빠져 죽은 자들의 수를 헤아릴 수 없었다.

　한 시인이 이렇게 노래했다.

---

02 bite out the shaft of the arrow 화살의 대를 이로 물어 뽑다 cf. bite-bit-bitten or bit **point** 살촉 **arrowhead** 살촉 **affinity for A** A와 잘 맞음, A에 대한 친화력 **sympathy with A** A와의 일치[조화]

03 junction 연결(점), 접합(점) **quake** 흔들리다, 떨리다 **close in on both wings** 양 날개에서 좁혀오다 **ferocity** 잔인, 포악

▎04　　When Wei and Wu together strove for the mastery,
In Red Cliff fight the towering ships vanished from the river,
For there the fierce flames, leaping high, burned them utterly.
So ZhouYu for his liege lord got the victory.

▎05　　And another Poem runs:

The hills are high, the moon shines faint,
The waters stretch afar;
I sigh to think how oft this land
Has suffered stress of war;
And I recall how southerners
Shrank from the northmen's might,
And how a favoring eastern gale
Helped them to win the fight.

▎06　　Leaving for a while the story of the slaughter on the river, it is time to follow GanNing. He made CaiZhong guide him into the innermost recesses of CaoCao's camp. Then he slew CaiZhong with one slash of his sword. After this, he set fire to the military provision, and at this signal, LuMeng put fire to the grass in half a score places near to each other. Then other fires were started by PanZhang and DongXi, and the noise of battle was on all sides.

04

위와 오 패권을 놓고 다퉜을적에
적벽의 거대한 배들 가라앉았네
맹렬한 불길이 솟아 태워버렸지
주유는 주군을 위해 승리얻었네

05 이런 시도 있다.

산높고 달빛도 희미한데
강물은 멀리도 뻗었구나
전쟁의 참화를 생각하매
탄식이 저절로 나오누나
돌이켜 보건대 강남인은
강북인 세력에 눌렸으나
절묘한 동풍이 불어닥쳐
강남의 승리를 도왔도다

06 강에서 벌어진 살육전을 잠시 벗어나 감녕의 뒤를 따라가 보자. 감녕은 채중에게 길을 안내하게 해 조조의 영채로 깊숙이 들어가는데 성공하자 채중을 단칼에 베어버린 후 군량에 불을 질렀다. 이것을 신호로 여몽도 말먹이풀 10여 군데에 멀지 않은 간격으로 불을 질렀다. 이때 반장과 동습 역시 곳곳에 불을 질렀다. 사방에서 전투를 알리는 함성이 울려 퍼졌다.

---

04 **strive for A** A를 두고 싸우다[분투하다] cf. strive-strove-striven **towering ship** 높은[큰] 배 **vanish** 사라지다 **liege** 주군, 군후

05 **shine faint** 희미하게 빛나다 **shrink from A** A로부터 위축되다 cf. shrink-shrank or shrunk-shrunk or shrunken

06 **innermost recess** 가장 안 쪽의 후미진 곳, 즉 가장 깊숙한 곳 **military provision** 군수 물자

▪ 07   CaoCao and the faithful ZhangLiao, with about one hundred horsemen, fled through the burning forest. They could see no road in front; all seemed on fire. Presently MaoJie and WenPing, with a few more horsemen, joined them. MaoJie had rescued WenPing from the onslaught on the river. CaoCao bade the soldiers seek a way through. ZhangLiao pointed out, saying, "The only suitable road is through the Crow Forest." And they took it.

▪ 08   They had gone but a short distance, when they were overtaken by a small party of the enemy and a voice cried, "CaoCao, stop!" It was LuMeng, whose ensign soon appeared against the fiery background. CaoCao urged his small party of fugitives forward, bidding ZhangLiao defend him from LuMeng. Soon after, he saw the light of torches in front and from a gorge there rushed out another force. And the leader cried, "LingTong is here!"

▪ 09   CaoCao was scared; his liver and gall both seemed torn from within. But just then on his half right he saw another company approach and heard a friendly cry, "Don't fear, O Prime Minister, I am here to rescue you."

The speaker was XuHuang and he attacked the pursuers and kept them off.

07　조조가 충직한 장료와 100여 기병들만을 이끌고 불이 붙은 숲을 뚫고 달아나다 보니 앞쪽으로 길이 막혀 있었다. 사방이 온통 화염에 휩싸인 듯했다. 이때 모개와 문빙이 몇 기의 기병들을 이끌고 합류했다. 모개는 강에서 학살이 벌어졌을 때 문빙을 구했었다. 조조가 군사들에게 뚫고 갈 길을 찾으라고 명하자 장료가 가리키며 말했다. "까마귀 숲을 가로지르는 길만이 유일한 통로입니다." 그래서 모두들 그쪽으로 내달렸다.

08　조조 일행은 얼마 가지도 못하고 한 떼의 적군들에게 따라잡혔다. 목청껏 외치는 소리가 들려왔다. "조조는 멈춰라!" 여몽이었다. 곧 활활 타는 화염을 배경으로 여몽의 깃발이 나타났다. 조조는 몇 안 되는 군사들을 재촉해 달아나면서 장료에게 여몽을 막게 했다. 그런데 곧 전방에서 횃불들이 어른거리더니 골짜기에서 또 다른 무리의 군사들이 들이닥쳤다. 선두의 장수가 소리쳤다. "능통이 여기 있다!"

09　조조는 질겁했다. 간과 쓸개가 뱃속에서 갈가리 찢겨지는 느낌이었다. 그러나 그때 비스듬히 오른쪽에서 또 다른 한 떼의 군사들이 달려오는데 반가운 목소리가 소리쳤다. "승상께서는 두려워 마십시오. 제가 구해드리겠습니다."

　서황이었다. 서황은 곧장 능통의 군사들에게 달려들어 막아냈다.

08 **overtake** 따라잡다　**gorge** 골짜기　　　**09** **liver and gall** 간과 쓸개

Chapter 50

A move to the north seemed to promise escape, but soon they saw a camp on a hilltop. XuHuang went ahead to reconnoiter and found the officers in command were MaYan and ZhangYi, who had once been in the service of YuanShao. They had three thousand northern men in camp. They had seen the sky redden with the flames, but did not know what was afoot so dared make no move.

This turned out lucky for CaoCao, who now found himself with a fresh force. He sent these two, with one thousand troops, to clear the road ahead while the others remained as guard. And he felt much more secure.

The two went forward, but before they had gone very far, they heard a shouting and a party of soldiers came out, their leader roaring, "I am GanXingBa (GanNing) of the land of Wu." Nothing daunted the two leaders, but when MaYan rushed out whirling his sword, the redoubtable GanNing cut down MaYan, and when his brother warrior ZhangYi set his spear and dashed forward, he too fell beneath a stroke from the fearsome sword. Both leaders dead, the soldiers fled to give CaoCao the bad news.

■10　이제 북쪽만이 유일한 탈출구인 듯 보였다. 그러나 얼마 못가 언덕 위에 자리 잡고 있는 영채가 보였다. 서황이 먼저 나가 살펴보니 영채의 장수들은 마연과 장의로 한때 원소의 휘하에 있던 자들이었다. 이들은 3000의 강북 병력을 거느리고 있었는데 하늘이 화염으로 붉게 물든 걸 보았지만 무슨 일인지 알지 못해 감히 움직이지 못하고 있었다.

■11　이는 추가병력을 발견한 셈이라 조조에게는 행운이었다. 조조는 두 사람에게 1000의 군사를 주어 앞쪽의 길을 뚫게 하고 나머지 병사들로 호위군을 삼았다. 조조는 한결 든든했다.

■12　선봉에 선 마연과 장의가 얼마 가기도 전에 함성소리가 들리더니 일단의 군사들이 길을 막아섰다. 선두의 장수가 호통쳤다. "나는 동오의 감흥패(甘興 : 감녕)이다." 마연과 장의는 위축되지 않았다. 그러나 칼을 휘두르며 달려드는 마연을 가공할 감녕이 찍어 쓰러뜨렸다. 창을 꼬나들고 돌진해온 장의 역시 감녕의 무시무시한 칼에 찔려 굴러 떨어졌고 두 사람이 모두 죽자 조조의 병사들은 달아나 조조에게 이 소식을 알렸다.

■10 **reconnoiter** 정찰하다　**redden** 붉어지다; 붉게 만들다　　■12 **fearsome** 무서운, 두려운

Chapter 50　89

■13　At this time, CaoCao expected aid from HeFei for he didn't know that SunQuan was barring the road. But when SunQuan saw the fires and so knew that his men had won the day, he ordered LuXun to give the answering signal. TaiShiCi, seeing this, came down and his force joined up with that of LuXun and they went against CaoCao.

■14　As for CaoCao, he could only get away toward YiLing. On the road, he fell in with ZhangHe and ordered him to protect the retreat. He pressed on as quickly as possible. At the fifth watch (3 am~5 am), he was a long way from the glare and he felt safer. He asked the name of the place where they were. They told him it was west of the Crow Forest and north of YiDu. Seeing the thickly crowded trees all about him, and the steep hills and narrow passes, he threw up his head and laughed. Those about him asked, "Why are you, my lord, so merry?"

CaoCao answered, "I am only laughing at the stupidity of ZhouYu and the ignorance of ZhuGeLiang. If they have only set an ambush there, as I would have done, why, there is no escape."

▶13 이때 조조는 손권이 이미 길목을 막고 있는 것도 모르고 합비에서 구원군이 오기를 기다리고 있었다. 하지만 불길이 치솟는 것을 본 손권은 오의 군사들이 전투에서 이겼다는 것을 알고 육손에게 화답하는 신호를 보내게 했다. 신호를 본 태사자는 군사를 휘몰아 육손의 군사와 연합하여 조조의 군사를 들이쳤다.

▶14 조조로서는 이릉으로 달아날 수밖에 없었다. 도중에 장합을 만난 조조는 후미를 방어하라 명하고 전속력으로 앞으로만 내달렸다. 5경(3 am~5 am) 무렵이 되어 불길에서 멀어지자 조조는 한층 안도감을 느끼고 지금 있는 곳이 어딘지 물었다. 좌우에서 까마귀 숲의 서쪽이며 의도(宜都)의 북쪽이라고 대답했다. 사방에 숲이 울창한데 산의 경사는 가파르고 길은 좁은 것을 본 조조는 하늘을 향해 껄껄 웃었다. 주위에서 물었다. "주공께서는 무엇이 그리 재미있으십니까?"

조조가 대답했다. "주유의 어리석음과 제갈량의 무지를 비웃는 거요. 나라면 이곳에 매복을 두었을 거요. 그랬다면 우리가 어떻게 달아날 수 있겠소."

▶14 **be a long way from A** A에서 멀리 떨어지다 **why** 글쎄

▪ 15   He had scarcely finished his explanation when from both sides came a deafening roll of drums and flames sprang up to heaven. CaoCao nearly fell off his horse, he was so startled. And from the side dashed in a troop, with ZhaoYun leading, who cried, "I am ZhaoZiLong and long have I been waiting here!"

CaoCao ordered XuHuang and ZhangHe to engage this new opponent and he himself rode off into the smoke and fire. ZhaoYun did not pursue; he only captured his banners and CaoCao escaped.

▪ 16   The faint light of dawn showed a great black cloud all around, for the south-east wind had not ceased. Suddenly began a heavy down-pour of rain, wetting everyone to the skin, but still CaoCao maintained his headlong flight till the starved faces of the men made a halt imperative.

He told the men to forage in the villages about for grain and the means of making a fire. But when these had been found and they began to cook a meal, another pursuing party came along and CaoCao again was terrified. However, these proved to be friends led by LiDian and XuChu escorting some of his advisers, whom he saw with great joy.

15　　조조가 말을 채 마치기도 전에 양쪽에서 귀청을 찢을 듯한 북소리가 울리더니 불길이 하늘까지 치솟아 올랐다. 조조는 하마터면 말에서 떨어질 정도로 깜짝 놀랐다. 그때 측면에서 한 무리의 군사들이 들이닥치는데 선봉에 선 장수는 조운이었다. 조운이 소리쳤다. "조자룡이 여기서 기다린 지 오래다!"

　　조조는 서황과 장합에게 맞서 싸우게 하고는 연기와 불을 헤치고 달아났다. 조운은 추격하지 않고 깃발만 빼앗고 조조를 보내주었다.

　　16　　어슴푸레한 새벽 하늘에는 어두운 먹구름이 가득했다. 동남풍은 그때까지도 불고 있었는데 별안간 억수 같은 소나기가 쏟아져 모두들 속옷까지 흠뻑 젖었다. 하지만 조조는 행군의 속도를 늦추지 않다가 병사들의 얼굴에 굶주린 기색이 역력해져서야 이동을 멈췄다.

　　조조는 병사들에게 마을에 내려가 식량과 밥지을 솥 등을 빼앗아오게 했다. 그런데 병사들이 필요한 것들을 모아와 밥을 짓기 시작했을 때 뒤쪽에서 또 다른 무리의 군사들이 나타났다. 조조는 다시 크게 당황했다. 하지만 이 군사들은 이전과 허저가 이끄는 무리들로 조조의 모사들을 호위하고 있었다. 조조는 크게 기뻐하며 이들을 맞이했다.

---

16 **wet A to the skin** A를 흠뻑 적시다　**headlong** 꾸물대지 않는, 황급한　**make A imperative** 어쩔 수 없이 A하게 하다　**forage** 양식을 모으다[징발하다]

Giving the order to advance again, CaoCao asked, "What places lay ahead?"

They told him, "There are two roads; one is the highway to South YiLing and the other a mountain road to the north of YiLing."

"Which is the shorter way to JiangLing?" asked CaoCao.

"The best way is to take the south road through HuLuKou," was the reply.

So he gave orders to march that way. By the time HuLuKou was reached, the men were almost starving and could march no more; horses too were worn out. Many had fallen by the roadside. A halt was then made, food was taken by force from the villagers, and as there were still some boilers left, they found a dry spot beside the hills where they could rest and cook. And there they began to prepare a meal, boiling grain and roasting strips of horse flesh. Then they took off their wet clothes and spread them to dry. The beasts, too, were unsaddled and turned out to graze.

Seated comfortably in a somewhat open spot, CaoCao suddenly looked up and began to laugh loud and long. His companions, remembering the sequel of his last laugh, said, "Not long since, Sir, you laughed at ZhouYu and ZhuGeLiang; that resulted in the arrival of ZhaoYun and great loss of men to us. Why do you now laugh?"

■17　조조는 그대로 다시 진군을 명령하고는 물었다. "저 앞은 어느 땅이냐?"

수하들이 대답했다. "길이 두 갈래인데 한 쪽의 큰길로 가면 남이릉이 나오고 다른 쪽 산길로 가면 북이릉이 나옵니다."

"강릉과 가까운 길은 어느 길이냐?" 조조가 물었다.

"남쪽 길을 택해 호로구(葫蘆口)를 가로질러 가는 게 제일 좋습니다." 수하들이 대답했다.

■18　조조는 호로구 쪽으로 가라고 명했다. 그러나 호로구에 도착했을 무렵 병사들은 굶주림에 지쳐 한 발도 더 나아가지 못했고 말들도 지칠대로 지쳐 있었다. 조조는 수많은 병사들이 길바닥에 쓰러져서야 행군을 멈췄다. 마을에서 식량을 빼앗아오고 솥도 아직 남아 있어서 일행은 산 옆에 마른 땅을 찾아내 쉬면서 밥을 지었다. 병사들은 곡식을 끓이고 말고기를 구워 식사를 준비하는 한편 젖은 옷을 벗어 널어서 말렸고 말들도 안장을 벗겨 내보내 풀을 뜯게 했다.

■19　다소 탁 트인 장소에 편안하게 앉아 있던 조조가 느닷없이 하늘을 우러러보며 크고 길게 껄껄 웃었다. 사람들은 저번에 조조가 웃다가 무슨 일이 벌어졌는지 기억이 생생한 터라 물었다. "저번에 승상께서 주유와 제갈량을 비웃으셨다 조운이 들이닥쳐 우리 병사가 수도 없이 희생되었는데 이번에는 또 어찌하여 웃으십니까?"

■18 **roast** 굽다, 볶다　**strip** 길쭉한 조각　　■19 **sequel** 결과, 귀결, 결론

▎20   "I am laughing again at the ignorance of the same two men. If I were in their place, and conducting their campaign, I would have had an ambush here, just to meet us when we were tired out. Then, even if we escaped with our lives, we would suffer very severely. They did not see this and therefore I am laughing at them."

Even at that moment behind them rose a great yell. Thoroughly startled, CaoCao threw aside his breastplate and leaped upon his horse. Most of the soldiers failed to catch theirs and then fires sprang up on every side and filled the mouth of the valley. A force was arrayed before them and at the head was the man of Yen, ZhangFei, seated on his steed with his great spear leveled.

"Where would you flee, O rebel?" shouted he.

▎21   The soldiers grew cold within at the sight of the terrible warrior. XuChu mounted on a barebacked horse and rode up to engage him and two comrades, ZhangLiao and XuHuang, galloped up to his aid. The three gathered about ZhangFei and a melee began, while CaoCao made off at top speed. The other leaders set off after him and ZhangFei pursued. However, CaoCao by dint of hard riding got away and gradually the pursuers were outdistanced. But many had received wounds.

20 "주유와 제갈량의 어리석음을 다시 비웃는 것이오. 내가 그들 입장에서 군사를 부린다면 이곳에 매복을 두어 우리가 피로에 지쳤을 때 공격하게 했을 것이오. 그럼 설사 우리가 목숨은 건질지 모르나 그 피해는 심각할 것이오. 두 녀석이 이것조차 헤아리지 못했기에 비웃는 것이오."

조조가 말을 마치자마자 뒤편에서 우레 같은 함성이 터져나왔다. 대경실색한 조조는 흉갑도 내팽개치고 말에 뛰어 올랐다. 대부분의 군사들이 채 말에 오르기도 전에 사방에서 불길이 치솟더니 계곡의 통로를 막아버리는데 한 떼의 군사들이 조조군의 앞길을 가로막고 섰다. 선두에는 연인 장비가 말에 올라 장팔사모를 꼬나들고 있었다.

"역적은 어디로 도망가느냐?" 장비가 호통쳤다.

21 무시무시한 장비의 모습에 조조의 군사들은 간담이 서늘해졌다. 허저가 안장도 없이 말에 올라 장비에게 달려들자 장료와 서황도 말을 몰아 지원에 나섰다. 세 장수가 장비와 격돌하여 난투극이 벌어진 사이에 조조는 나는 듯이 달아났다. 다른 장수들도 조조의 뒤를 따라 달아나자 장비가 추격에 나섰다. 그러나 조조는 말에 죽어라 채찍질을 가해 내달려 점차 추격 부대와의 거리를 넓혔다. 하지만 수많은 군사들이 부상을 당했다.

21 **melee** 난투, 혼전 **make off** 달아나다 **by dint of A** A의 힘으로 **outdistance** (경주 등에서) ~을 월등히 앞서다

Chapter 50 97

22 As they were going, the soldiers said, "There are two roads before us; which should we take?"

"Which is the shorter?' asked CaoCao.

"The high road is the more level, but it is fifty *li* (20 km) longer than the byroad which goes to HuaRong road. Only the latter road is narrow and dangerous, full of pits and difficult."

CaoCao sent men up to the hilltops to look around. They returned and said, "There are several columns of smoke rising from the hills along the byroad. The high road seems quiet."

Then CaoCao bade them lead the way along the byroad.

"Where smoke arises there are surely soldiers," remarked the officers. "Why go this way?"

CaoCao said, "Because the Book of War says that the hollow is to be regarded as solid and the solid as hollow. That fellow ZhuGeLiang is very subtle and has sent men to make those fires so that we would not go that way. He has laid an ambush on the high road. I have made up my mind and I will not fall a victim to his wiles."

"O Prime Minister, your conclusions are most admirable. None other can equal you," said the officers.

22 한참을 가는데 군사들이 말했다. "앞에 길이 두 갈래인데 어느 쪽으로 갈까요?"

"어느 쪽 길이 더 가까우냐?" 조조가 물었다.

"큰길이 더 평평하긴 하지만 50리(20 km)가 더 멀고 오솔길은 화용도로 이어지는데 좁고 구덩이가 많이 파여 어렵고 위험합니다."

조조는 병사들을 산 위에 올려보내 주위를 살펴보게 했다. 돌아온 병사들이 말했다. "오솔길의 경우 주변의 산에서 연기가 몇 줄기 피어오르고 있고 큰길의 경우는 아무런 움직임이 없어 보입니다."

그러자 조조가 오솔길을 따라 이동하라고 명령했다.

"연기가 오른다니 틀림없이 군사들이 있습니다." 관원들이 말했다. "왜 그쪽으로 가십니까?"

조조가 설명했다. "병서에 허(虛)하면 실(實)한 것으로, 실하면 허한 것으로 간주하란 말이 있소. 제갈량은 간교하여 일부러 군사들을 보내 불을 피워 우리가 그쪽으로 가지 못하게 하면서 큰길에는 매복을 둔 것이오. 내가 마음을 정했으니 제갈량의 간계에 속지 않을 것이오."

"승상의 결정이 참으로 옳습니다. 다른 사람들은 따라갈 수가 없겠습니다." 관원들이 말했다.

---

22 byroad 샛길 pit (땅에 파인) 구멍 subtle 명석한, 날카로운, 솜씨 좋은, 교묘한

▬ 23   And the soldiers were sent along the byroad. They were very hungry and many almost too weak to travel. The horses too were spent. Some people had been scorched by the flames and others, suffered severe stab wounds. The wounded struggled on to the last of their strength. All were soaking wet and all were feeble. Their arms and accouterments were in a deplorable state, and more than half had been left upon the road they had traversed. Few of the horses had saddles or bridles for in the confusion of pursuit they had been left behind. It was the time of greatest winter cold and the suffering was indescribable.

▬ 24   Noticing that the leading party had stopped, CaoCao sent to ask the reason. The messenger returned to report that by reason of the rain, water collected in the pits and the mire, the horses could not move. CaoCao raged, saying, "When soldiers come to hills, they cut a road, when they happen upon streams, they bridge them; such a thing as mud can't stay an army."

23 조조는 군사들을 오솔길로 이끌었다. 병사들은 매우 굶주린 데다가 상당수가 걷기도 힘든 지경이었다. 말들 역시 기진맥진했다. 화상을 입은 사람이 있는가 하면 창칼에 찔려 다친 사람들도 많았다. 부상을 입은 자들은 안간힘을 다해 움직이고 있었다. 모두가 흠뻑 젖었고 쇠약해져 있었는데 무기와 각종 장비들의 상태도 말이 아니었고 절반 이상이 여기까지 오는 사이에 버려졌다. 추격을 받아 어지러운 상황에서 챙기지 못했기 때문에 안장과 굴레를 갖춘 말 역시 찾아보기 힘들었다. 때는 한겨울이었으므로 병사들의 고생은 이루 말할 수 없었다.

24 그때 선두 부대가 갑자기 멈추는 것을 본 조조가 사람을 보내 이유를 물었다. 돌아온 병사가 보고하는데, 쏟아진 비로 구덩이와 수렁에 물이 고여 말들이 움직일 수 없다는 것이었다. 조조가 크게 노하여 말했다. "병사란 산을 만나면 길을 내고, 물을 만나면 다리를 놓는다. 진흙탕 따위로 지체해서는 안 된다."

---

23 **scorch** 그슬리다, ~의 겉을 태우다; 그을리다 **be soaking wet** 흠뻑 젖다 **accouterment** (각종) 장비; 장식; 복장 **deplorable** 비통한, 비참한 **indescribable** 형언할 수 없는, 말로 표현할 수 없는

24 **mire** 늪, 수렁 **rage** 격노하다, 화를 내다

So he ordered the weak and wounded to go to the rear and come on as they could, while the robust and able were to cut down trees, and gather herbage and reeds to fill up the holes. CaoCao said, "This has to be done without delay, or death will be the punishment of the disobedient or remiss."

So the men dismounted and felled trees and cut bamboos, and they leveled the road. And because of the imminence and fear of pursuit, a party led by ZhangLiao, XuChu, and XuHuang, was directed to hasten the workers and slay any that idled.

조조가 명령을 내려 쇠약하고 부상을 당한 자들은 행렬의 뒤로 물러나 힘닿는 대로 이동하게 하는 한편 건장한 자들은 나무를 베고 풀과 갈대를 모아 구덩이를 메우게 했다. 조조가 말했다. "즉시 움직여라. 불복종하거나 태만한 자들은 목을 베겠다."

  이리하여 병사들은 말에서 내려 나무를 자르고 대나무를 꺾으며 길을 닦았다. 추격이 따라붙을까 마음이 급해진 조조는 명을 내려 장료, 허저, 서황에게 한 무리의 병사들을 데리고 일하는 병사들을 감독하되 꾸물거리면 목을 치게 했다.

---

robust 강건한, 기운찬　**herbage** 식물, 풀　**remiss** 태만한　**fell A** A를 베어 넘어뜨리다; A를 쓰러뜨리다　**imminence** 급박, 긴박　**idle** 빈둥거리다, 게으름을 피우다

The soldiers made their way along the shallower parts, but many fell, and cries of misery were heard the whole length of the way.

"What are you howling for?" cried CaoCao. "The number of your days is fixed. Anyone who howls will be put to death."

The remnant of the army, now divided into three, one to march slowly, a second to fill up the waterways and hollows and a third to escort CaoCao, gradually made its way over the precipitous road. When the going improved a little and the path was moderately level, CaoCao turned to look at his following and saw he had barely three hundred riders. And these lacked clothing and armor and were dirty and disordered.

But he pressed on, and when the officers told him the horses were quite spent and must rest, he replied, "Press on to JiangLing and there we will find repose."

So they pressed on. But they had gone only a few *li*, when CaoCao flourished his whip and broke once again into loud laughter.

26 병사들은 물이 깊지 않은 부분을 따라 길을 내기 시작했으나 수많은 병사들이 쓰러지면서 가는 내내 비참하게 울부짖는 소리가 끊이지 않았다.

"왜 우느냐?" 조조가 소리질렀다. "너희들의 생명은 하늘에 달려 있다. 또 우는 놈은 목을 치겠다."

이제 남은 군사는 뒤처져 느리게 이동하는 무리, 늪지와 물구덩이를 메우는 무리, 조조를 호위하는 무리의 셋으로 갈라져 가파른 길을 따라 천천히 전진했다. 이동 속도가 조금 나아지고 길도 조금 평탄해졌을 때 조조가 뒤를 돌아보니 따르는 기병들이 300명도 채 되지 않았는데 모두들 옷이나 갑옷도 제대로 입지 못했고 꾀죄죄한데다 대오도 엉망이었다.

그러나 조조는 행군을 강행했다. 장수들이 말이 기진맥진해 쉬어야한다고 말하자 조조가 대답했다. "강릉까지 가서 쉴 것이오."

이렇게 행군이 계속되는데 몇 리 정도 갔을 때 조조가 채찍을 내리치며 다시 한번 크게 껄껄 웃었다.

---

26 **the number of one's days is fixed** 살날이 정해져 있다 **remnant** 나머지 **make one's way** 나아가다, 전진하다 **precipitous** 급경사의 **be moderately level** 적당히 평평하다 **press on** 밀어붙이다 **repose** 휴식 **break into A** 별안간 A하다

"What is there to laugh at?" asked the officers, feeling chills run down their spines.

"People say ZhouYun and ZhuGeLiang are able and crafty; I don't see it. They are a couple of incapables. If an ambush had been placed here, we would all be prisoners."

He had not finished this speech, when the explosion of a bomb broke the silence and five hundred men with swords in their hands appeared and barred the way. The leader was GuanYu holding the famous Green-Dragon Saber, bestriding the Red Hare steed. At this sight, the spirits of the soldiers left them and they gazed into each others' faces in panic.

"Now we have but one course;" said CaoCao, "we must fight to the death."

"How can we?" said the officers. "Even if the men will fight, the horses are utterly exhausted."

ChengYu said, "I have always heard that GuanYu is haughty to the proud but kindly to the humble; he despises the strong, but is gentle with the weak. He discriminates between love and hate and is always righteous and true. You, O Prime Minister, have shown him kindness, and if you remind him of that, we will escape this evil."

27
"뭐가 우스우십니까?" 관원들은 모골이 송연해짐을 느끼며 물었다.

"모두들 주유와 제갈량이 재주가 있고 슬기롭다고 하지만 나는 그렇게 생각하지 않소. 그저 무능한 녀석들일 뿐이오. 여기에 매복을 두었더라면 우리를 모두 사로잡았을 게 아니오?"

조조가 채 말을 마치기도 전에 포소리가 '펑!'하고 터지며 정적을 깨뜨리더니 500명의 칼잡이들이 나타나 길을 가로막았다. 선두에 선 장수는 청룡도를 비껴들고 적토마에 올라탄 관우였다. 이 광경에 조조의 군사들은 넋이 빠져 달아나 공황 상태에 빠져 서로의 얼굴만 바라볼 뿐이었다.

"이제는 딱 한 길뿐이다." 조조가 말했다. "죽을 때까지 싸우는 것이다."

"어떻게 싸우겠습니까?" 관원들이 말했다. "사람이야 싸운다 해도 말들이 완전히 지쳤습니다."

28
정욱이 말했다. "제가 늘 듣기로 관우는 거만한 자를 깔보고 겸손한 자에게 친절하며, 강자에게 강하고 약자에게 너그럽다고 합니다. 좋음과 싫음이 분명하며 늘 공정하고 진실한 사람이라 승상께서 전에 그를 너그럽게 대하셨으니 그때 일을 떠올리게 하시면 이 위기를 벗어날 수 있습니다."

---

27 **feel chills run down A's spines** 한기가 A의 척추를 따라 내려가는 것을 느끼다 **bestride** (말, 자전거 등 탈 것을) 타다

28 **be haughty to the proud but kindly to the humble** 거만한 자는 깔보지만 겸손한 자에게는 친절하다 **discriminate between A and B** A와 B를 구별하다 **remind A of B** A에게 B를 상기시키다

CaoCao agreed to try. He rode out to the front, saluted and said, "General, I trust you have enjoyed good health."

"I had orders to await you, Prime Minister," replied he, bowing in return, "and I have been expecting you these many days."

"You see before you CaoCao, defeated and weak. I have reached a sad pass and I trust you, O General, will not forget the kindness of former days."

GuanYu replied, "Though indeed you were kind to me in those days, yet I slew your enemies, YanLiang and WenChou, for you and relieved the siege of BaiMa. As to the business of today, I can't allow private feelings to outweigh public duty."

CaoCao said, "Do you remember my generals slain at the five passes? The noble man values righteousness. You are well versed in Spring and Autumn (history) and must recall the action of YuGongZhiSi, the archer, when he found his master's master, ZiZhuoRuZi*, in his power."

■29　조조가 그렇게 해보기로 하고 말을 몰아 인사하고 말했다. "장군, 그동안 잘 지내셨으리라 믿소."

"여기서 승상을 기다리라는 명령을 받았습니다." 관우가 답례로 인사하며 대답했다. "요 며칠 동안 승상이 오시기만 기다렸습니다."

"보시다시피 이 조조가 싸움에 지고 쇠약해져 아주 곤란한 상황에 처했소. 장군께서는 옛정을 잊지 않으시리라 믿소."

■30　관우가 대답했다. "예전에 분명 승상께서 저를 친절하게 대해주셨습니다. 하지만 이미 승상을 위해서는 안량과 문추를 베었고, 또 백마에서 포위되셨던 것을 구해드렸습니다. 그러니 오늘 일에서는 사사로운 옛정 때문에 제 공무를 소홀히 할 수는 없습니다."

조조가 말했다. "장군은 다섯 관을 지나며 내 장수들을 베었던 걸 기억하시오? 대장부는 의리를 귀하게 여기는 법이오. 장군은 춘추(역사)에 해박하니 유공지사(庾公之斯)가 자신의 스승의 스승인 자탁유자(子濯孺子)를 사로잡았을 때* 어떻게 했는지를 기억해보시오."

■29 **reach a sad pass** 곤란한 상황에 처하다

■30 **allow A to outweigh B** A가 B를 압도하게 하다　**be well versed in A** A에 아주 정통하다　**A find B in A's power** A는 B를 자신의 마음대로 할 수 있음을 알다　*the action of YuGongZhiSi, the archer, when he found his master's master, ZiZhuoRuZi 유공지사(庾公之斯)가 자탁유자(子濯孺子)를 사로잡았을 때; 춘추전국시대에 정(鄭)나라에서 활솜씨가 뛰어난 자탁유자를 시켜 위(衛)나라를 공격하자 위나라에서는 역시 활솜씨가 뛰어난 유공지사를 시켜 자탁유자를 쫓아내게 했다. 유공지사가 자탁유자를 추격하자, 달아나던 자탁유자는 병에 걸려 활을 잡을 수조차 없게 되었다. 죽음을 직감한 자탁유자가 부하들에게 쫓아오는 위나라 장수가 누구인지 묻자 유공지사라는 대답이 돌아왔다. 자탁유자가 그렇다면 자신은 살 수 있다고 말하자 다들 그 이유를 궁금하게 여겼다. 자탁유자가 대답했다. "유공지사는 윤공지타(尹公之他)에게 활을 배웠는데 윤공지타는 나에게 활을 배웠다. 윤공지타는 정의로운 사람이니 그의 제자 역시 정의로울 것이기 때문이다."라 대답한다. 과연 쫓아온 유공지사가 자탁유자에게 왜 활로 맞대응하지 않는지를 묻고 자탁유자가 자신이 병에 걸려 활을 들 수조차 없다고 대답하자 유공지사가 말한다. "제가 윤공지타께 활을 배웠고 윤공지타께서는 다시 선생께 활을 배웠으니, 제가 차마 선생으로부터 나온 재주로 선생을 해치지 못하겠습니다. 그러나 오늘의 일은 임금의 명령에 의한 것이라 따르지 않을 수도 없습니다." 그리고는 화살 네 개에서 화살촉을 뽑더니 그 네 대의 화살만을 자탁유자에게 쏘고 돌아가버렸다. 춘추(春秋)와 맹자(孟子) 이루(離婁)에 나오는 이야기이다.

■ 31　　GuanYu was indeed a very mountain of goodness and couldn't forget the great kindness he had received at CaoCao's hands, and the magnanimity CaoCao had shown over the deeds at the five passes. He saw the desperate straits to which his benefactor was reduced and the tears on the verge of falling from the eyes of CaoCao's soldiers. He couldn't press him hard: He pulled at the bridle of his steed and turned away, saying to his followers, "Break up the formation."

■ 32　　From this, it was evident that his design was to release CaoCao, who then went on with his officers, and a little later when GuanYu turned to look back, they had all passed. He uttered a great shout of agony and the remaining soldiers jumped off their horses and knelt on the ground, crying for mercy. But he also had pity for them. Then ZhangLiao, whom he knew well, came along and GuanYu was reminded of old friendship. ZhangLiao and all the other soldiers were allowed to go free.

■ 33　　　CaoCao, his army lost, fled to the HuaRong road;
　　　　There in the throat of the gorge met he GuanYu.
　　　Grateful was GuanYu, and mindful of former kindness,
　　Therefore slipped he the bolt and freed the imprisoned dragon.

31 관우는 역시 의리로 똘똘 뭉친 사람이었는지라 조조가 베풀어준 큰 은혜와 자신이 다섯 관을 지나며 여섯 장수를 베었음에도 조조가 아량을 베풀어 그대로 보내주었던 일이 떠올랐다. 비참한 상태가 된 조조의 모습과 금방이라도 눈에서 눈물을 떨어뜨릴 것 같은 조조의 군사들을 보자 관우는 조조를 매정하게 몰아붙일 수 없었다. 관우는 말고삐를 당겨 뒤로 물러나며 따라온 군사들에게 말했다. "대열을 열어라."

32 관우가 자신을 놓아주려 한다는 게 분명해지자 조조는 관원들과 함께 말을 달려 지나갔다. 관우가 잠시 후 고개를 돌려 바라보니 조조와 관원 일행은 이미 지나간 뒤였다. 관우의 입에서 커다란 번민의 외침이 터져 나왔다. 그러자 아직 지나가던 조조의 병사들이 말에서 황급히 내려 땅에 무릎을 꿇고 살려달라고 울부짖었다. 관우가 측은한 마음이 드는데 마침 잘 아는 장료가 말을 달려 이르자 옛 정이 다시 솟아난 관우는 장료와 병사들을 모두 놓아 보냈다.

33
>조조가 패배하여 화용도로 달아나다
>골짜기 길목에서 관운장을 만났구나
>예전의 친절함과 고마움을 잊지못해
>관우는 빗장열어 잡힌용을 보냈구나

---

31 **mountain of A** 대단히 많은 A **magnanimity** 관대함, 아량, 배포가 큼 **straits** 곤경, 곤궁 **to which** 여기에서 to는 be reduced to의 to이다. **benefactor** 은인 **on the verge of ~ing** 금방 ~하려고 하는, ~하기 직전의

32 **agony** 번민; 고통

33 **throat** 좁은 통로, 길목; 목구멍 **gorge** 계곡 **mindful of A** A를 염두에 둔, A를 잊지 않은 **slip the bolt** 빗장을 벗기다

Having escaped this danger, CaoCao hastened to get out of the valley. As the throat opened out, he glanced behind him and saw only one score and seven horsemen.

As evening fell, they reached JiangLing (the capital of NanJun) and they came upon what they took to be more enemies. Hundreds of torches flared up and a mass of troops blocked their path.

CaoCao thought the end had surely come, but to his delight, they were his own men and he regained all his confidence. CaoRen, who was the leader, said, "I heard of your misfortunes, my lord, but I was afraid to venture far from my charge, else I would have met you before."

"I nearly missed you as it was," said CaoCao.

The fugitives found repose in the city, where ZhangLiao soon joined them. He also praised the magnanimity of GuanYu.

34
　위험에서 벗어난 조조는 서둘러 골짜기를 벗어났다. 좁은 길목을 빠져나온 조조가 뒤를 돌아보니 따르는 것은 기병 27기뿐이었다.

　해가 떨어지고 있었다. 그런데 일행이 강릉(남군의 수도)에 이를 무렵 별안간 적군으로 보이는 무리가 나타났다. 수많은 횃불이 환하게 일어나며 한 떼의 군사들이 길을 막아섰던 것이다.

　조조가 이제 끝장이라고 생각하고 있는데 다행스럽게도 아군이어서 조조는 자신감을 회복했다. 무리를 이끌고 온 조인이 말했다. "주공께서 싸움에 지셨다는 소식은 들었으나 이곳을 지키라는 명령을 어기고 감히 멀리 나갈 수가 없었습니다. 안 그랬다면 진작에 마중을 나갔을 겁니다."

　"사실 하마터면 자네를 못만날 뻔했네." 조조가 말했다.

　조조 일행은 강릉성에 들어가 휴식을 취했다. 곧 장료도 도착했는데 역시 관우의 대범함을 칭찬했다.

---

34 **come upon ~** ～와 마주치다　**flare up** 불길이 확 타오르다　**to A's delight** A가 기쁘게도　**venture far from A's charge** A의 담당 구역에서 감히 멀리 벗어나다　**as it is** 사실

When CaoCao mustered the miserable remnant of his officers, he found nearly all were wounded and he bade them rest. CaoRen poured the wine of consolation whereby his master might forget his sorrows. And as CaoCao drank among his familiars, he became exceedingly sad and wept bitterly.

Therefore they said, "O Prime Minister, when you were in the cave of the tiger and trying to escape, you showed no sign of fear or sorrow; now that you are safe in a city, where you have food and the horses have forage, where all you have to do is to prepare for revenge, suddenly you lose heart and grieve; why thus?"

Replied CaoCao, "I am thinking of my friend GuoFengXiao (GuoJia); had he been alive, he would not have let me suffer this loss."

He beat his chest and wept, saying, "Alas for FengXiao! I grieve for FengXiao! I sorrow for FengXiao!" The reproach shamed the advisers.

The next day, CaoCao called CaoRen and said, "I am going to the capital to prepare another army for revenge. You are to guard this area and, in case of necessity, I leave with you a sealed plan. You are only to open the cover when hard-pressed, and then you are to act as directed. Wu will not dare to look this way."

35 조조가 얼마 남지 않은 비참한 상태의 관원들을 모아보니 거의 모두가 부상을 입고 있었으므로 편히 쉬게 했다. 조인이 위로주를 따라주며 조조의 시름을 잊게 하려고 했다. 그러나 친숙한 얼굴들과 마주앉아 술을 마시던 조조는 처참한 심정이 들기 시작하여 비통하게 흐느꼈다.

관원들이 물었다. "호랑이 굴에서 빠져 나오려 하실 때는 조금도 두려움이나 슬픔을 보이지 않으시더니 이제 안전한 남군에서 사람도 음식을 얻고 말도 풀을 얻게 되어 복수를 준비해야 할 시점에 별안간 비통에 잠기시니 어찌된 일입니까?"

36 조조가 대답했다. "내 친구 곽봉효(곽가)를 생각하는 것이오. 봉효가 살아 있었더라면 내가 이렇게까지 큰 손실을 입도록 내버려두지는 않았을 것이오."

조조는 가슴을 치고 울면서 외쳤다. "슬프구다, 봉효여! 안타깝구나, 봉효여! 애석하구나, 봉효여!" 조조의 말에 모사들이 모두 부끄러워했다.

이튿날 조조는 조인을 불러 말했다. "나는 허창으로 돌아가 군사를 준비하여 복수할 생각이네. 자네는 이곳을 지키게. 필요한 경우에 쓰라고 계책 하나를 봉인하여 주겠네. 정말 급박한 때만 열어보고, 쓰여진 대로 하게. 그럼 오가 감히 이쪽을 넘보지 못할 걸세."

35 wine of consolation 위로주 familiar 잘 아는 사람, 친한 사람 now (that) ~ ~때문에, ~이니, ~인데(=because, as a result of ~) lose heart 비통에 잠기다 grieve 슬퍼하다

36 reproach 꾸짖음, 책망

Chapter 50 115

■ 37   "Who is to guard HeFei and XiangYang?" asked CaoRen.

"Now JingZhou is particularly your care and XiaHouDun is to hold XiangYang. As HeFei is most important, I am sending ZhangLiao there with good aids of LiDian and YueJin. If you get into difficulties, send at once to tell me."

Having made these dispositions, CaoCao set off at once with a few followers. He took with him the officers who had come over to his side when JingZhou fell into his hands.

CaoRen placed CaoHong in charge of YiLing against ZhouYu.

■ 38   After having allowed the escape of CaoCao, GuanYu found his way back to headquarters. By this time, the other detachments had returned, bringing spoil of horses and weapons and supplies of all kinds. Only GuanYu came back empty-handed. When GuanYu arrived, ZhuGeLiang was giving LiuBei his congratulations on the victory. When GuanYu was announced, ZhuGeLiang got up and went to welcome him, bearing a cup of wine.

■ 39   "Joy! O General," said he. "You have done a deed that overtops the world. You have removed the country's worst foe and ought to have been met at a distance and felicitated."

GuanYu muttered inaudibly and ZhuGeLiang continued, "I hope it is not because we have omitted to welcome you on the road that you seem sad."

[37] "합비와 양양은 누가 지킵니까?" 조인이 물었다.

"이제 형주를 특히 자네에게 맡기니 양양은 하후돈을 보내 지키게 하겠네. 합비는 가장 중요한 곳이라 장료를 주장(主將)으로 삼고 이전과 악진을 부장으로 하여 보낼 생각이네. 만약 어려움에 처하게 되면 즉각 보고하게."

이렇게 부대를 배치한 조조는 즉각 소수의 인원만 거느리고 출발했다. 그는 형주가 그의 수중에 떨어질 때 항복해온 형주의 관리들도 데려갔다.

조인은 조홍에게 이릉을 지키면서 주유와 맞서게 했다.

[38] 조조를 놓아준 관우는 본부로 돌아왔다. 이때쯤 다른 파견군사들도 말과 무기 등 온갖 종류의 전리품을 챙겨가지고 돌아와 있었다. 오직 관우만 빈손이었다. 관우가 도착했을 때 제갈량은 유비에게 승리를 축하하고 있던 중이었다. 관우가 왔다는 전갈이 올라오자 제갈량은 술이 가득한 잔을 들고 일어나 관우를 맞이했다.

[39] "축하드리오, 장군!" 제갈량이 말했다. "천하에 으뜸가는 공을 세우셨소. 최악의 국적(國賊)을 제거하셨으니 미리 마중을 나가 축하를 드려야 했는데 그러질 못했군요."

관우가 뭐라고 중얼거렸으나 제갈량은 계속 말을 이었다. "장군께서 기분이 좋아보이지 않는 이유가 혹시 우리가 환영하러 마중을 나가지 않아서인가요?"

[37] **disposition** 배치, 배열
[38] **detachment** 파견부대; (부대의) 파견 **spoil** 전리품 **empty-handed** 빈손의
[39] **overtop A** A 위에 솟다; A보다 뛰어나다[능가하다] **felicitate** 축하해주다 **mutter inaudibly** 알아들을 수 없는 말을 중얼거리다

Turning to those about GuanYu, ZhuGeLiang said, "Why didn't you tell us in advance he was coming?"

"I am here to ask for death," said GuanYu.

"Surely CaoCao came through the HuaRong road?" asked ZhuGeLiang.

"Yes; he came that way, and I couldn't help it; I let him go."

"Then whom have you captured?"

"No one."

"Then you remembered the old kindness of CaoCao and so allowed him to escape. But your acceptance of the task with its conditions is here. You will have to suffer the penalty."

He called in the lictors and told them to take away GuanYu and put him to death.

GuanYu risked life when he spared CaoCao in direst need,
 And age-long admiration gained for kindly deed.

What actually befell will be seen in the next chapter.

■40 관우 옆에 있던 사람들을 돌아보며 제갈량이 말했다. "왜 장군이 오신다고 미리 알리지 않았느냐?"

"내가 여기에 온 것은 죽여달라고 청하기 위해서요." 관우가 말했다.

"조조가 틀림없이 화용도로 갔소?" 제갈량이 물었다.

"그렇소. 분명 화용도로 왔소. 내가 어쩌지 못하고 조조를 보내줬소."

"그럼 누구를 잡아왔소?"

"아무도 잡지 못했소."

"그렇다면 이는 장군이 조조가 예전에 베풀어준 은혜를 잊지 못해 일부러 보내준 것이오. 군법에 따라 의무를 이행하겠다는 장군의 서약서가 여기 있으니 벌을 받으셔야 할 것이오."

제갈량은 도부수들을 부르더니 관우를 끌고가 목을 베라고 명령했다.

죽음을 무릅쓰고 비참한 조조를 구했으니
만년의 우러름을 얻은건 그의리 때문이라

관우는 어떻게 될까?

■40 **direst** 가장 끔찍한 cf. dire-direr-direst **admiration** 존경 **befall** (나쁜 일이) ~에게 생기다 cf. befall-befell-befallen

Chapter 51

A Great Battle Between North and South ZhuGeLiang Angers ZhouYu

01 GuanYu had died there but for his elder brother, who said to the great strategist, "We three pledged ourselves to live and die together. Although my brother GuanYu has offended, I can't bear to break our oath. I hope you will only record this against him and let him atone later for the fault by some especially meritorious service." So the sentence was remitted.

남북의 군사가 크게 싸우고
공명은 주유의 화를 돋우다

01　유비가 나서 제갈량을 말리지 않았으면 관우는 목숨을 잃었을 것이다. 유비가 사정했다. "우리 셋은 함께 살고 함께 죽기로 맹세한 사이오. 아우 관우가 죄를 지었다 하나 내가 우리의 맹세를 깨뜨릴 수는 없으니, 군사께서는 아우의 죄를 기록해 놓았다가 후에 특별히 큰 공을 세워 갚게 하시기 바라오." 이렇게 해서 관우는 형벌을 면했다.

01　**but for A** A가 아니었다면　**pledge oneself to V** V할 것을 맹세하다　**break oath** 맹세를 깨다　**atone** (죄, 결점 등을) 보상하다　**meritorious** 가치 있는, 칭찬할 만한　**remit** (형벌 등을) 면하게 하다, 면제하다

Chapter 51

In the meantime, ZhouYu mustered his officers and called over his men, noted the special services of each and sent full reports to his master. The soldiers who had surrendered were all transported across the river. All this done, they spread the feast of victory.

The next step was to attack and capture NanJun*. The van of the army camped on the river bank. There were five camps and the Supreme Commander's tent was in the center. He summoned his officers to a council. At this moment, SunQian arrived with congratulations from LiuBei. ZhouYu received him and, having saluted in proper form, SunQian said, "My lord sent me on this special mission to felicitate the Supreme Commander on his great virtue and offer some unworthy gifts."

"Where is LiuXuanDe?" asked ZhouYu.

"He is now encamped at YouJiangKou."

"Is ZhuGeKongMing there?" asked ZhouYu, taken aback.

"Both are there," said SunQian.

"Then return quickly, and I will come in person to thank them."

02 한편 주유는 관원들과 장수들을 불러모아 각자가 세운 공로를 자세히 기록하여 손권에게 보고하는 한편, 항복한 병사들은 모두 강 건너로 호송했다. 모든 일이 마무리되자 주유는 승리를 자축하는 잔치를 베풀었다.

다음 조치는 남군*을 공격하여 점령하는 것이었다. 선두부대가 강기슭에 주둔했는데 다섯 개의 영채를 세웠고 주유는 가운데 영채를 차지했다. 주유가 관원들을 회의에 소집했는데 이때 손건이 유비가 보내는 축하인사를 전하기 위해 도착했다. 주유가 맞이하자 손건은 예를 갖춰 인사를 한 후 말했다. "주공께서 저를 보내 대도독의 높은 덕을 축하하고 약소하지만 선물을 드리라 하셨습니다."

03 "유현덕은 어디에 계시오?" 주유가 물었다.

"유강구(油江口)에 주둔하고 계십니다."

"제갈공명도 거기 있소?" 주유가 깜짝 놀라 물었다.

"함께 계십니다." 손건이 대답했다.

"그럼 얼른 돌아가시오. 내가 직접 가서 감사의 인사를 전하겠소."

---

02 **call over** 불러모으다, (이름, 명단을) 부르다, 점호하다 **spread the feast of victory** 승리의 잔치를 베풀다 **felicitate A on B** A에게 B를 축하하다 *NanJun 남군: 남군은 형주의 수도인 양양이 위치한 곳이다. 즉 남군을 차지한다는 것은 곧 형주를 차지한다는 것과 같다. 주유가 적벽에서 조조를 패퇴시키긴 했으나 남군을 차지하기 전까지는 아직 형주를 차지했다고 할 수 없는 것이다.

04 The presents handed over, SunQian was sent back forthwith to his own camp. Then LuSu asked, "Why did you start when you heard where LiuBei was camped?"

"Because," replied ZhouYu, "camping there means that he has the intention of taking NanJun. Having spent much military energy and spared no expenditure, we thought the area would fall to us easily. Those others are opposed to us and they wish to get the advantage of what we have already accomplished. However, they must remember that I am not dead yet."

"How can you prevent them?" asked LuSu.

"I will go myself and speak with them. If all goes well, then, let it be so; in case it doesn't, then I will immediately settle up with LiuBei without waiting for NanJun to be taken."

"I would like to accompany you," said LuSu.

The Supreme Commander and his friend started, taking with them a guard of three thousand light horse.

04　선물을 전해 받은 주유는 손건을 바로 돌려보냈다. 그러자 노숙이 물었다. "유비가 어디에 주둔하고 있는지 듣고서 왜 그리 놀라셨소?"

"왜냐면 말이오," 주유가 대답했다. "유비가 유강구에 주둔하고 있다는 건 남군을 차지할 야심을 품고 있다는 뜻이기 때문이오. 우리는 그간 엄청난 군사력과 비용을 들였으므로 이제 남군이 곧 우리 차지가 될 것이라 생각했는데 저들은 우리에게 맞서 다 지어놓은 밥을 거저 먹으려하오. 하지만 내 눈에 흙이 들어가기 전에는 그렇게 안 될 것이오."

"어떻게 막으실 생각이오?" 노숙이 물었다.

"내가 직접 가서 담판을 짓겠소. 이야기가 잘 되면 좋겠지만, 잘 되지 않으면 저들이 남군을 차지할 때까지 기다릴 필요 없이 그 자리에서 유비를 끝장내겠소."

"나도 함께 가고 싶소." 노숙이 말했다.

주유와 노숙은 3000의 날쌘 기병들을 호위로 거느리고 출발했다.

　　04　**forthwith** 즉각, 지체 없이　**start** (공포, 고통 등으로) 움찔하다, 펄쩍 뛰어오르다　**spare no expenditure** 비용을 아끼지 않다　**get the advantage of what we have already accomplished** 우리가 이미 이뤄놓은 것에서 이득을 취하다: 즉 여기서는 '다 된 밥을 거저 먹다'라는 뜻　**settle up with A** A와 청산하다[원한을 풀다]: 여기서는 '죽이다'의 뜻

05   In the meantime, SunQian returned to LiuBei and reported that ZhouYu would come to render thanks in person.

"Why does he want to come in person?" asked LiuBei of his all-wise adviser.

"Is it likely he would come out of simple politeness? Of course he is coming in connection with NanJun."

"But if he brings an army, can we stand against it?" asked LiuBei.

"When he comes, you may reply thus and thus," said ZhuGeLiang.

06   Then ZhuGeLiang drew up the warships in the river and ranged the soldiers upon the bank and when the arrival of ZhouYu was formally announced, he sent ZhaoYun, with some horsemen, to welcome him. When ZhouYu saw what bold men they looked, he began to feel uncomfortable, but he went on his way. Being met at the camp gates by LiuBei and ZhuGeLiang, he was taken into the chief tent, where the ceremonies were performed and preparations for a banquet had been made.

05 한편 유비에게 돌아온 손건은 주유가 직접 와서 고마움을 표할 것이라고 보고했다.

"왜 주유가 직접 오겠다는 것이오?" 유비가 제갈량에게 물었다.

"주유가 정말 예의에서 오는 것이라 보십니까? 물론 주유는 남군 때문에 오는 것입니다."

"만약 그가 군사들을 이끌고 온다면 우리가 감당할 수 있겠소?" 유비가 물었다.

"주유가 오거든 이러이러하게 대답하시면 됩니다." 제갈량이 일러줬다.

06 다음으로 제갈량은 싸움배들을 강에 정렬시키고 병사들을 강기슭에 도열하게 한 후 주유가 도착했다는 전갈이 올라오자 조운에게 기병 몇 기를 거느리고 주유를 맞이하게 했다. 주유는 유비의 병사들의 늠름한 모습을 보자 불안해지기 시작했으나 발걸음을 계속했다. 주유는 영채의 진문에서 유비와 제갈량의 영접을 받고 대장막 안으로 안내되었다. 이들은 예를 갖춰 서로 인사를 나누었는데 장막 안에는 연회를 위한 잔칫상이 이미 마련되어 있었다.

---

05 **render thanks in person** 직접 감사를 표하다 **all-wise** 무척 현명한

06 **draw up A** A를 정렬시키다 cf. draw-drew-drawn **range A** A를 정렬시키다

Presently LiuBei raised his cup in celebration of the recent victory gained by his guest. The banquet proceeded and after a few more courses, ZhouYu said, "Of course you are camped here with no other idea than to take NanJun?"

"We heard you were going to take the place and came to assist. Should you not take it, then we will occupy it."

ZhouYu laughed. "We of the east have long wished for the area. Now that it is within our grasp, we will naturally take it."

LiuBei said, "There is always some uncertainty. CaoCao left CaoRen to guard the area and you may be certain that there is good strategy behind him to say nothing of his boldness as a warrior. I fear you may not get it."

"Well, if we don't take it then, Sir, you may have it," said ZhouYu.

"Here are witnesses to your words," said LiuBei, naming those at table. "I hope you will never repent what you have just said."

LuSu stammered and seemed unwilling to be cited as one of the witnesses but ZhouYu said, "When the word of a noble man has gone forth, it is ended; he never regrets."

"This speech of yours, Sir, is very fair," interjected ZhuGeLiang. "Wu will try first, but if the place doesn't fall, there is no reason why my lord should not capture it."

07 곧 유비가 술잔을 들어 얼마 전에 주유가 거둔 승리를 축하했다. 연회가 무르익으며 술이 몇 순 돈 후 주유가 말했다. "유 예주께서 이곳에 주둔하신 것은 물론 남군을 차지하기 위해서겠죠?"

"대도독이 남군을 차지하시려 한다는 이야기를 듣고 도우러 온 거요. 대도독이 차지하지 않는다면 그때는 우리가 차지해야겠지요."

주유가 웃음을 터뜨렸다. "동오는 오랫동안 남군을 얻고자 했습니다. 이제 남군이 우리의 손아귀에 들어왔으니 당연히 차지해야지요."

유비가 말했다. "아직 장담하긴 이르오. 조조가 조인에게 남군을 지키게 했으니 뭔가 대단한 계략이 남아 있는 게 분명하오. 게다가 조인은 두말할 것도 없이 무척 용맹한 장수요. 대도독이 차지하지 못할까 걱정이오."

"우리가 차지하지 못하거든 그때는 예주께서 차지하십시오." 주유가 말했다.

"대도독의 말씀을 들은 증인들이 여기 있소." 유비가 제갈량과 노숙을 언급했다. "방금 말씀하신 것을 후회하는 일이 없기를 바라오."

노숙이 머뭇거리며 증인이 되는 것을 달갑지 않게 여기는 듯 하자 주유가 말했다. "대장부가 말을 뱉었으면 그걸로 그만이지 무슨 후회를 하겠습니까?"

"대도독의 말씀이 참으로 공정합니다." 제갈량이 끼어들었다. "오에서 먼저 시도하고도 만약 남군을 차지하지 못하면 우리 주공께서 그 다음으로 차지하시지 못할 이유가 없지요."

---

07 **in celebration of ~** ~을 축하하여 **now (that) ~** ~때문에, ~이니, ~인데(=because, as a result of ~) **to say nothing of ~** ~은 말할 것도 없고 **stammer** 말을 더듬다 **be cited as ~** ~으로 언급되다

The two visitors then took their leave and rode away. As soon as they had left, LiuBei turned to ZhuGeLiang and said, "O Master, you bade me thus reply to ZhouYu, but though I did so, I have turned it over and over in my mind without finding any reason in what I said. I am alone and weak, without a single foot of land to call my own. I desired to get possession of NanJun that I might have, at least, a temporary shelter, yet I have said that ZhouYu may attack it first and if it falls to Wu, how can I get possession?"

ZhuGeLiang laughed and replied, "First I advised you to attack JingZhou, but you would not listen; and now you desire it?"

"But it belonged to LiuJingSheng (LiuBiao) and I could not bear to attack it then. Now it belongs to CaoCao, I might do so."

"Don't be anxious," replied the adviser. "Let ZhouYu go and attack it; some day, my lord, I will make you sit in the high places thereof."

"But what plans do you have?"

"So and so," replied ZhuGeLiang.

LiuBei was satisfied with the reply, and only strengthened his position at YouJiangKou.

▪08　주유와 노숙은 작별하고 말을 타고 떠났다. 두 사람이 떠나자 유비가 제갈량을 돌아보며 물었다. "군사께서 나더러 주유에게 이러저러 대답하라고 해서 그렇게 하긴 했소만 머릿속으로 아무리 생각을 해봐도 그 대답은 이치에 맞지 않소. 나는 혼자인데다가 세력도 약하고 발붙일 땅 한 조각 없는 처지요. 그래서 남군을 차지해 잠시라도 몸을 의탁하고자 했는데 주유에게 먼저 공격하라 말해버렸으니 남군이 오의 수중에 떨어지면 내가 어떻게 남군을 차지할 수 있겠소?"

▪09　제갈량이 허허 웃더니 대답했다. "애초에 제가 형주를 차지하시라 권했을 때는 듣지 않으시더니 이제는 욕심이 나십니까?"

"당시 형주는 유경승의 땅이어서 감히 공격하지 못했소만 지금은 조조의 차지가 되었으니 공격할 수 있소."

"걱정하지 마십시오." 제갈량이 대답했다. "주유가 먼저 공격하게 놔두십시오. 조만간 주공께서 형주의 높은 곳에 앉으시도록 해드리겠습니다."

"어떤 계책이 있는 거요?"

"이러저러합니다." 제갈량이 대답했다.

제갈량의 대답을 듣고 안심한 유비는 유강구에 머물며 방비를 강화하기만 했다.

▪08　turn A over and over in one's mind without ~ing A를 거듭 마음 속으로 생각했으나 ~하지 못하다

In the meantime, ZhouYu and LuSu returned to their own camp and the latter said, "Why did you tell LiuBei that he might attack NanJun?"

"I can take it with a flick of my finger," replied ZhouYu, "but I just manifested a little pretended kindliness."

Then he inquired among his officers for a volunteer to attack JiangLing city (the capital of NanJun). JiangQin offered himself, and was put in command of the vanguard, with XuSheng and DingFeng as helpers. He was given five thousand veterans and they moved across the river. ZhouYu promised to follow with supports.

On the other side CaoRen ordered CaoHong to guard YiLing and so hold one corner of a deer-horn defense. When the news came that Wu troops had crossed the River Han, CaoRen said, "We will defend and not offer battle."

But one NiuJin said impetuously, "To let the enemy approach the walls and not offer battle is timidity. Our men, lately defeated, need heartening and must show their mettle. Let me have half a thousand veterans and I will fight to the finish."

■10   한편 주유와 함께 영채로 돌아온 노숙이 주유에게 물었다. "왜 유비에게 남군을 공격해도 좋다고 말씀하셨소?"

"내가 손가락 하나만 까딱해도 남군을 차지할 수 있소." 주유가 대답했다. "그러니 그저 말로 인정을 베푼 것이오."

■11   주유가 장수들을 모아놓고 강릉(남군의 수도) 공격에 나설 자원자가 있는지 묻자 장흠이 나섰다. 장흠은 선봉장에 임명되고 서성과 정봉은 부장이 되었다. 장흠 일행은 5000의 병력을 받아 강을 가로질러 갔다. 주유는 지원군을 이끌고 돕겠다는 약속을 했다.

강 맞은편에서는 조인이 조홍에게 이릉을 지키게 하여 기각지세(掎角之勢)를 이루었다. 오에서 군사를 일으켜 한강을 건넜다는 보고가 올라오자 조인이 말했다. "우리 편에서는 방어만 하고 싸우지는 말게."

■12   그러나 우금(牛金)*이라는 장수가 성급하게 말했다. "적군이 성벽까지 오게 놔두고 싸우지도 않는 것은 비겁한 짓입니다. 우리 군사들이 최근에 패배하여 사기를 북돋울 필요가 있습니다. 우리도 할 수 있다는 것을 보여줘야 합니다. 제게 군사 500을 주시면 죽음을 각오하고 싸워보겠습니다."

■10 **with a flick of one's finger** 손가락 하나 까딱하는 것으로 **manifest a little pretended kindliness** 약간이 가장된 친절을 보이다

■11 **deer-horn defense** 기각지세

■12 **impetuous** 성급한 **timidity** 소심함 **hearten** 기운[용기]을 북돋우다 **show A's mettle** A의 용기를 보이다: A가 잘할 수 있음을 보이다 cf. mettle 용기, 기개; 기질, 성미 *우금(牛金): 조조군의 대장 우금(于禁, YuJin)과는 다른 사람이다.

Chapter 51

▬13　CaoRen could not withstand this offer and so the half a thousand soldiers went out of the city. At once DingFeng came to challenge the leader and they fought a few bouts. Then DingFeng pretended to be defeated, gave up the fight and retreated into his own lines. NiuJin followed him hard. When he had got within the Wu formation, at a signal from DingFeng, the army closed round and NiuJin was surrounded. He pushed right and left, but could find no way out. Seeing him in the toils, CaoRen who had watched the fight from the wall donned his armor and came out of the city at the head of his own bold company of horsemen and burst in among the men of Wu to try to rescue his colleague. Beating back XuSheng, he fought his way in and presently rescued NiuJin.

▬14　However, having got out, he saw several score of horsemen still in the middle unable to make their way out, whereupon he turned again to the battle and dashed in to their rescue. This time he met JiangQin on whom he and NiuJin made a violent onslaught. Then the brother CaoChun came up with supports and the great battle ended in a defeat for the men of Wu.

So CaoRen went back victor, while the unhappy JiangQin returned to report his failure. ZhouYu was very angry and would have put to death his hapless subordinate but for the intervention of the other officers.

13　　조인은 이 제안을 거절하지 못하고 500의 군사를 성 밖으로 내보냈다. 즉각 정봉이 나타나 우금(牛金)에게 달려들어 몇 합을 싸우더니 정봉은 짐짓 패한 척하고 싸움을 포기하고 달아났다. 우금이 정봉을 거세게 뒤쫓아 오의 대열에 다가서자 정봉이 신호를 보냈다. 오군은 우금을 둥글게 에워싸 포위했다. 우금은 좌충우돌했으나 탈출로를 열 수 없었다. 성벽에서 전투를 지켜보다가 우금이 위험에 빠진 것을 목격한 조인은 갑옷을 갖춰 입고 정예기병부대의 선두에 서서 성을 박차고 나가 우금을 구하려고 오군의 대열을 치고 들어갔다. 서성과 맞서 싸워 물리친 조인은 오군의 대열을 무너뜨리고 들어가 이윽고 우금을 구했다.

　　14　　하지만 빠져나오다 보니 몇 기의 기병들이 아직도 포위되어 혈로를 열지 못하고 있었다. 조인은 몸을 돌려 기병들을 구하기 위해 싸움터로 뛰어들었다. 이번에는 장흠이 막아섰으나 조인과 우금(牛金)은 맹공격을 퍼부었다. 게다가 조인의 아우 조순(曺純)이 지원병력을 이끌고 나타나 전투는 오군의 패배로 끝났다.

　　조인은 승리를 거두어 돌아가고 불운한 장흠은 돌아가 패전소식을 보고했다. 주유는 몹시 성을 내며 장흠의 목을 치려했으나 다른 관원들이 말려 그만 두었다.

13 **toil** 고역, 노력　**don A** A를 입다　**fight one's way in** 싸워 뚫고 들어가다

14 **onslaught** 맹공격　**put to death A** A를 죽이다(=put A to death)　**hapless subordinate** 불운한 부하

Chapter 51　135

■ 15 Then he prepared for another attack where he himself would lead. But GanNing said, "Supreme Commander, don't be in too great hurry; let me go first and attack YiLing, the supporting angle of the deer-horn formation. After that, the conquest of NanJun will be easy."

ZhouYu accepted the plan and GanNing, with three thousand troops, went to attack YiLing.

■ 16 When news of the moving army reached him, CaoRen called to his side ChenJiao, who said, "If YiLing is lost, then NanJun is lost too. So help must be sent quickly." Thereupon CaoChun and NiuJin were sent by secret ways to the aid of CaoHong. CaoChun sent a messenger ahead to the city to ask that they should cause a diversion by a sortie at the time the reinforcements would arrive.

■ 17 So when GanNing drew near, CaoHong went out to meet and engage him. They fought a score of rounds, but CaoHong was overcome at last and GanNing took the city. However, as evening fell, the reinforcements came up and the captor was surrounded in the city he had taken. The scouts went off immediately to tell ZhouYu of this sudden change of affairs, which greatly alarmed him.

■ 15 　주유는 군사를 일으켜 직접 지휘해 나갈 준비를 했다. 그러나 감녕이 말했다. "대도독께서는 너무 서두르지 마십시오. 제가 먼저 나가 조인이 기각지세를 이루고 있는 한 축인 이릉을 치겠습니다. 그렇게 되면 남군을 정복하는 것은 손쉽습니다."

　주유가 이 계책을 받아들여 감녕은 3000의 병사들을 이끌고 이릉을 공격하러 떠났다.

■ 16 　오군의 이동상황이 보고되자 조인은 측근 진교(陳矯)를 불렀다. 진교가 말했다. "이릉을 빼앗기면 남군도 빼앗기게 됩니다. 서둘러 지원군을 보내셔야 합니다." 이 말에 따라 조인은 조홍을 돕도록 조순과 우금(牛金)을 은밀히 파견했다. 조순은 이릉에 전령을 먼저 보내 지원군이 도착할 무렵 공격에 나서 적을 교란해 달라고 요청했다.

■ 17 　그래서 감녕이 가까이 이르자 조홍이 성 밖으로 나가 맞섰다. 조홍과 감녕이 맞붙어 20여 합을 싸웠는데 조홍이 결국 패하여 감녕이 이릉을 차지했다. 그러나 저녁 때가 되자 조순의 지원군이 도착해 감녕은 이릉에 포위되어 갇히고 말았다. 척후병이 즉각 주유에게 달려가 급박한 상황의 변화를 알리자 주유는 크게 놀랐다.

■ 16 **cause a diversion by A** A에 의해 교란을 초래하다, 즉 A로 교란하다 **sortie** 돌격, 출격　■ 17 **captor** 획득한 사람　**sudden change of affairs** 갑작스러운 상황의 변화

"Let us hasten to his rescue," said ChengPu.

"This place is of the greatest importance," said ZhouYu, "and I am afraid to divide our troops and leave it under-defended lest CaoRen should attack."

"But he is one of our first leaders and must be rescued," said LuMeng.

"I would like to go myself to his aid, but whom can I leave here in my place?" said ZhouYu.

"Leave LingGongJi (LingTong) here," said LuMeng; "I will push on ahead and you can protect my advance. In less than ten days we will be singing the paean of victory."

"Are you willing?" said ZhouYu to the man who was to act for him.

"If the ten day period is not exceeded, I may be able to carry on for that time; I am unequal to more than that."

LingTong's consent pleased ZhouYu, who started at once, leaving ten thousand troops for the defense of the camp. LuMeng said to his chief, "South of YiLing is a little-used road that may prove very useful for retreating from YiLing. Let us send five hundred soldiers to fell trees and barricade this road so that horses can't pass. In case of defeat, the defeated will take this road and will be compelled to abandon their horses, which we will capture." ZhouYu approved and the men set out.

■18 "서둘러 감흥패(감녕)를 구하러 가야하오." 정보가 말했다.

"이곳은 가장 중요한 곳이라," 주유가 말했다. "군사를 나눴다가 이곳의 방비가 소홀해졌을 때 조인이 쳐들어올까 두렵습니다."

"하지만 흥패는 대장 중의 하나이니 구하지 않을 수 없습니다." 여몽이 말했다.

"내가 직접 구하러 갈까 하는데 여기는 누구를 시켜 지키게 해야 하오?" 주유가 말했다.

"능공적(凌公績: 능통)에게 시키십시오." 여몽이 말했다. "제가 선봉에 설 테니 대도독께서는 뒤쪽을 막아주십시오. 그럼 열흘 이내에 승리의 노래를 부르게 될 겁니다."

"공적은 기꺼이 맡아주겠소?" 주유가 능통에게 물었다.

"열흘을 넘기지만 않는다면 할 수 있을 것 같으나 열흘이 넘으면 감당할 수 없습니다."

■19 능통의 대답에 주유는 크게 기뻐하며 1만의 군사를 줘 영채를 지키게 하고 자신은 즉각 출병했다. 여몽이 주유에게 말했다. "이릉의 남쪽에 사람의 왕래가 별로 없는 길이 하나 있으니 이릉으로부터 퇴각하기에 안성맞춤입니다. 500의 군사를 보내 나무를 쓰러뜨려 길을 막아 말들이 지나지 못하게 하십시오. 저들이 패하면 패잔병들이 그 길로 접어들 테니 말을 버리지 않을 수 없게 되고 그 말들을 우리가 차지할 수 있습니다." 주유가 이 계획을 승인하여 병사들이 출발했다.

■18 **leave A under-defended** A의 방비가 소홀하게 두다 **in A's place** A 대신에 **paean** 찬가, 승리의 노래(=pean)

■19 **be compelled to abandon A** A를 버리지 않을 수 없다

20 When the main army drew near YiLing, ZhouYu asked who would try to break through the besiegers and ZhouTai offered himself. He girded on his sword, mounted his steed and burst straight into the CaoCao's army. He got through to the city wall.

From the bulwark, GanNing saw the approach of his friend ZhouTai and went out to welcome him. ZhouTai said to him, "The Supreme Commander is on the way to your relief."

GanNing at once bade the defenders prepare from inside to support the attack of the rescuers.

21 When the news of the approach of ZhouYu had reached YiLing, CaoHong, CaoChun, and NiuJin had sent to tell CaoRen who was at JiangLing and they prepared to repel the assailants. So when the army of Wu came near, the two armies at once engaged. Simultaneously GanNing and ZhouTai came out of the city and attacked CaoHong, CaoChun, and NiuJun on two sides and the men of CaoCao were thrown into confusion. The men of Wu fell on lustily and the three leaders all fled by a byroad, but, finding the way barred with felled trees and other obstacles, they had to abandon their horses and go afoot. In this way, the men of Wu gained YiLing and some five hundred steeds as well.

20　주유의 본군이 이릉에 가까이 이르러 주유가 적들의 포위를 뚫을 자원자를 구하자 주태가 나섰다. 주태는 칼을 차고 말에 올라 곧장 뛰어들어 조조군을 흩어버리고 성벽에 이르렀다.

　　성벽에서는 감녕이 주태가 오는 것을 보고 밖으로 나가 맞이했다. 주태가 말했다. "대도독께서 직접 공을 구하러 오시고 있소."

　　감녕은 즉각 군사들에게 명령해 구원군의 공격이 시작되면 안에서 지원할 준비를 하게 했다.

21　주유가 온다는 소식이 이릉에 전해지자 조홍, 조순, 우금(牛金)은 강릉에 있는 조인에게 이 사실을 보고하고 주유를 쫓아버릴 준비에 들어갔다. 오의 군사들이 가까이 이르자 양쪽 군사들이 즉각 맞붙었다. 때를 맞춰 감녕과 주태도 성 밖으로 나와 조홍, 조순, 우금을 두 갈래로 공격해 들어가자 조조의 군사들은 혼란에 빠졌다. 오의 군사들이 탐욕스럽게 공격해 들어오자 조조의 세 장수들은 모두 오솔길로 달아났다. 하지만 쓰러진 나무와 다른 장애물들로 길이 막힌 것을 보자 이들은 말을 버리고 걸어서 달아날 수밖에 없었다. 이렇게 해서 오의 군사들은 이릉은 물론 500여 필의 말도 얻게 되었다.

20 besieger 포위한 사람　gird on (칼 등을) 차다　be on the way to A's relief A를 구하러고 오는 길이다

21 repel the assailants 공격자들을 물리치다　simultaneously 동시에　fall on lustily 탐욕스럽게 공격하다　go afoot 걸어서 가다, 걸어서 이동하다

22 After the victory, ZhouYu pressed on as quickly as possible toward JiangLing and came upon CaoRen and his army marching to save YiLing. The two armies engaged and fought a battle, which lasted till late in the evening. Then both drew off and CaoRen withdrew into JiangLing city.

During the night, he called his officers to a council. Then said CaoHong, "The loss of YiLing has brought us to a dangerous pass; now it seems the time to open the letter of the Prime Minister and see what plans he arranged for our salvation in this peril."

23 "You but say what I think," replied CaoRen. Thereupon he tore open the letter and read it. His face lit up with joy and he at once issued orders to have the morning meal prepared at the fifth watch (3 am~5 am). At daylight, the whole army moved out of the city but they left a semblance of occupation in the shape of banners on the walls.

ZhouYu went up to the tower of observation and looked over the city. He saw that the flags along the battlements had no men behind them and he noticed that every man of CaoCao carried a bundle at his waist behind so that he was prepared for a long march. ZhouYu thought to himself, "CaoRen must be prepared for a long march."

₂₂　이릉을 차지한 뒤 주유는 강릉을 치려고 전속력으로 군사들을 이동시키다 이릉을 구하기 위해 달려오던 조인과 그 군사들과 맞닥뜨렸다. 양쪽의 군사들이 어울려 한바탕 벌인 싸움이 저녁 늦게까지 계속되다가 양편에서 군사를 퇴각시켜 조인은 강릉성으로 물러났다.

　밤사이 조인은 장수들을 모아 작전회의를 열었다. 조홍이 말했다. "이릉을 잃어 우리 형세가 위급하게 됐습니다. 지금이 승상께서 남기신 편지를 열어 이 난국을 헤쳐나갈 어떤 계책을 주셨는지 알아볼 때인 듯합니다."

₂₃　"나도 그 생각을 하고 있었네." 조인이 대답했다. 편지를 열어 읽어본 조인의 얼굴이 기쁨으로 환해졌다. 조인은 즉각 명령을 내려 5경(3 am~5 am)에 아침을 짓게 했다. 동이 트자 전군이 성을 빠져나가는데 성벽에는 깃발을 달아 아직 군이 주둔하고 있는 것처럼 보이게 했다.

　주유가 감시탑에 올라 강릉성을 살펴보니 성벽을 따라 깃발들만 꽂혀 있고 사람은 그림자도 보이지 않았다. 게다가 조조의 군사들은 하나같이 허리 뒤쪽에 꾸러미를 차고 있어 긴 행군에 대비하고 있었다. 주유가 생각했다. '조인이 긴 행군을 준비하고 있는 게 틀림없다.'

---

22 **bring A to a dangerous pass** A를 위험한 상황에 빠뜨리다 cf. pass (보통 곤란한) 상황 **salvation** 구원 **peril** 재난, 위험

23 **leave a semblance of occupation** 주둔하고 있는 듯 보이게 하다 cf. leave-left-left **battlement** 흉벽(총 쏘는 구멍인 총안이 있는 성벽) **carry a bundle at one's waist behind** 허리 뒤쪽에 꾸러미를 차다

So he went down from the tower of observation and sent out an order for two wings of the army to be ready. One of these was to attack and, in case of its success, the other was to pursue at full speed till the clanging of the gongs should call them to return. He took command of the leading force in person and ChengPu commanded the other. Thus they advanced to attack the city.

The armies being arrayed facing each other, the drums rolled out across the plain. CaoHong rode forth and challenged, and ZhouYu, from his place by the standard, bade HanDang respond. The two champions fought about thirty bouts and then CaoHong fled. Thereupon CaoRen came out to help him and ZhouTai rode out at full speed to meet him. These two exchanged a half score passes and then CaoRen fled.

[24] 감시탑을 내려온 주유는 명령을 내려 좌우 2개 부대를 준비하게 했다. 첫 부대가 공격에 나서 성공하면 둘째 부대는 퇴각을 알리는 징이 울릴 때까지 전속력으로 적을 추격하게 할 생각이었다. 주유는 직접 공격부대를 지휘하고 정보에게는 추격부대를 맡게 했다. 이렇게 편성을 마친 뒤 주유는 부대를 이끌고 강릉성을 들이쳤다.

양편의 군사들이 마주보고 서자 들판을 가로질러 북소리가 울려퍼졌다. 조홍이 말을 달려나와 도전하자 깃발 아래 주유가 한당에게 맞서라 명령했다. 두 장수가 어울려 30여 합을 싸우다 조홍이 달아났다. 때맞춰 조인이 조홍을 돕기 위해 달려나오자 주태가 조인을 제지하기 위해 전속력으로 마주나갔다. 주태와 어울려 10여 합을 싸우던 조인은 말을 돌려 달아났다.

[24] standard 깃발

His army fell into confusion. Thereupon ZhouYu gave the signal for the advance of both his wings and the men of CaoCao were sore smitten and defeated. ZhouYu pursued to the city wall, but CaoCao's men did not enter the city. Instead, they went away north-west. HanDang and ZhouTai pressed them hard.

ZhouYu, seeing the city gates standing wide open and no guards upon the walls, ordered the raiding of the city. A few score horsemen rode in first and ZhouYu followed, whipping his steed. As he galloped into the enclosure around the gate, ChenJiao stood on the defense tower. When he saw ZhouYu enter, in his heart he applauded the god-like perspicacity of Prime Minister CaoCao.

25 　조인의 군사들은 혼란에 빠졌다. 그러자 주유가 신호를 내려 좌우 부대 모두에게 진격 명령을 내렸다. 조조의 부대는 심한 타격을 입고 패했다. 주유가 강릉성까지 조조의 군사들을 몰아붙이는데 조조군은 성으로 들어가지 않고 북서쪽으로 달아났다. 한당과 주태가 이들을 뒤쫓았다.

　주유는 강릉성의 문이 활짝 열려 있고 성벽에는 지키는 병력도 전혀 없는 것을 보고 성 안으로 진입하라 명령했다. 수십 기의 기병들이 먼저 뛰어들고 주유도 말에 채찍을 가해 뒤따랐다. 주유가 성문을 둘러싸고 있는 옹성(甕城)*으로 뛰어들 무렵 진교는 방어탑에 서 있었다. 주유가 들어오는 것을 본 진교는 조조의 신과 같은 통찰력에 속으로 감탄했다.

25 **sore** 몹시, 심하게　**enclosure around the gate** 입구 주위에 둘러친 곳, 즉 옹성　**applaud ~** ~에 박수 갈채를 보내다, ~을 칭찬하다　**perspicacity** 통찰력, 명민　*옹성(甕城): 성문을 보호하고 성을 튼튼히 지키기 위하여 큰 성문 밖에 원형(圓形)이나 방형(方形)으로 쌓은 작은 성

Chapter 51　147

Then was heard the clap-clap of a watchman's rattle. At this signal, the archers and crossbowmen let fly and the arrows and bolts flew forth in a sudden fierce shower, while those who had won their way to the van of the inrush went headlong into a deep trench. ZhouYu managed to pull up in time, but turning to escape, he was wounded in the left side and fell to the ground. NiuJin rushed out from the city to capture the chief, but XuSheng and DingFeng at the risk of their lives got him away safe. Then the men of CaoCao dashed out of the city and caused confusion among the men of Wu, who trampled each other down and many more fell into the trenches. ChengPu tried to draw off, but CaoRen and CaoHong came toward him from different directions and the battle went hard against the men from the east, till help came from LingTong, who managed to bear back their assailants.

Satisfied with their success, CaoRen led his men into the city, while the losers marched back to their own camp.

26 때맞춰 감시병들의 딱딱이가 딱딱 울리더니 이것을 신호로 활잡이와 쇠뇌잡이들이 한꺼번에 살을 날렸다. 별안간 화살과 쇠뇌살들이 소나기 오듯 퍼붓자 앞다퉈 돌진하던 주유의 선두 기병들이 깊은 도랑으로 곤두박질쳤다. 주유는 도랑에 빠지기 전에 말을 세웠으나 탈출하려고 말을 돌리는 순간 화살 하나가 왼쪽 몸통에 꽂혀 말에서 떨어졌다. 우금(牛金)이 성 안에서 달려나와 주유를 사로잡으려고 하는데 서성과 정봉이 목숨을 걸고 덤벼 주유를 구해냈다. 때마침 조조의 군사들이 성 밖으로 쏟아져 나오자 오의 군사들은 큰 혼란에 빠져 서로를 짓밟고 수많은 병사들이 도랑으로 추락했다. 정보는 군사들을 퇴각시키려 했으나 조인과 조홍이 양쪽에서 들이쳤으며 전세는 강동의 군사들에게 불리하게 돌아갔다. 이때 능통이 원군을 이끌고 나타나 가까스로 조조군을 제지했다.

승리에 만족한 조인이 군사를 이끌고 강릉성으로 물러나자 오군도 영채로 퇴각했다.

---

26 **clap** 〈의성어〉 때리는 소리 **rattle** 딱딱이, 딱딱하는 경보음을 내는 기구나 장난감 **win one's way to the van of the inrush** 길을 얻어 침입의 선두에 서다, 즉 선두에 서서 침입하다 **go headlong into A** 곧장 A 속으로 가다 **trench** 깊은 도랑; 참호 **pull up** 말을 세우다 **at the risk of one's life** 목숨을 걸고 **go hard against A** A에 불리하게 돌아가다 **bear back A** A를 물러가게 하다

ZhouYu, sorely wounded, was taken to his own tent and the army physician called in. With iron forceps, the physician extracted the sharp bolt and dressed the wound with a lotion designed to counteract the poison of the metal. But the pain was intense and the patient rejected all nourishment. The physician said, "The missile was poisoned and the wound will require a long time to heal. You, Supreme Commander, must be kept quiet and especially free from any irritation, which will cause the wound to reopen."

Thereupon ChengPu gave orders that each division was to remain in camp. Three days later NiuJin came within sight and challenged the men of Wu to battle, but they did not stir. The enemy hurled at them taunts and insults till the sun had fallen low in the sky, but it was of no avail and NiuJin withdrew.

The next day, NiuJin returned and repeated his insulting abuse. ChengPu dared not tell the wounded Supreme Commander. The third day, waxing bolder, the enemy came to the very gates of the stockade, the leader shouting that he had come for the purpose of capturing ZhouYu.

27 심한 부상을 당한 주유는 대도독의 장막으로 옮겨졌으며 군의관이 들어왔다. 군의관은 쇠로 만든 집게로 날카로운 살촉을 뽑아내고 쇠붙이의 독을 중화시키는 약으로 상처를 소독했다. 그러나 고통이 극심하여 주유는 먹지도 마시지도 못했다. 군의관이 말했다. "살촉에 독이 있어 상처가 나으려면 한참이 걸릴 겁니다. 대도독께서는 안정을 취하시고 절대로 화를 내시면 안 됩니다. 화를 내시면 상처가 다시 터질 겁니다."

28 정보는 각 부대에게 영채를 벗어나지 말도록 명령을 내렸다. 사흘 후 우금(牛金)이 모습을 드러내 싸움을 걸어왔으나 오군은 움직이지 않았다. 조조군은 해가 다 질 때까지 오군에게 욕설과 비웃음을 퍼부었으나 아무 반응이 없자 물러났다.

이튿날 돌아온 우금이 또 욕설을 해댔으나 정보는 이 사실을 부상당한 주유에게 감히 보고하지 못했다. 사흘째 되는 날 더욱 대담해진 우금은 오군 영채의 바로 문 앞까지 다가와 주유를 사로잡으러 왔다고 떠들어댔다.

---

27 forceps (외과 수술에 쓰이는) 집게, 겸자, 핀셋 extract A A를 뽑아내다 bolt 화살, 쇠뇌살 dress the wound with ~ 상처를 ~으로 소독하다 designed to counteract A A에 반대로 작용하도록 고안된 intense 극도의, 극심한 reject all nourishment 모든 음식물을 거부하다, 즉 먹지도 마시지도 못하다 missile 발사체, 즉 화살 irritation 초조, 안절부절, 화

28 stir (조금) 움직이다 hurl at A taunts and insults A에게 비웃음과 모욕을 퍼붓다 be of no avail 소용이 없다 waxing bolder 점점 더 대담해진

29 Then ChengPu called together his officers and they discussed the feasibility of retirement into Wu that he might seek the opinion of the Marquis.

Ill as he was, ZhouYu still retained control of the expedition. He knew that the enemy came daily to the gates of his camp and reviled him although none of his officers told him. One day CaoRen came in person and there was much rolling of drums and shouting. ChengPu, however, steadily refused to accept the challenge and would not let anyone go out. Then ZhouYu summoned the officers to his bedside and said, "What do the drums and the shouting mean?"

30 "The men are drilling," was the reply.

"Why do you deceive me?" said ZhouYu angrily. "Don't I know that our enemies come day by day to our gates and insult us? Yet ChengDeMou (ChengPu) suffers this in silence and makes no use of his powers and authority." He sent for ChengPu and, when he arrived, asked him why he acted thus.

"Because you are ill and the physician said you were on no account to be provoked to anger. Therefore, although the enemy challenged us to battle, I kept it from you."

"And if you don't fight, what do you think should be done?" said ZhouYu. And they all said they desired to return to the east till he had recovered from his wound, when they would make another expedition.

■29　그러자 정보가 장수들을 불러모아 동오로 물러나 오후(吳侯) 손권의 의견을 들어보는 안을 내놓고 그 가능성을 토의했다.

　주유는 비록 아프기는 했으나 여전히 원정군의 지휘권을 쥐고 있었다. 그는 아무도 이야기해주는 사람은 없었지만 적들이 매일같이 영채의 문 앞까지 접근해 와 자기에게 욕을 퍼붓고 있다는 것을 알고 있었다. 하루는 조인이 직접 나타나 북소리와 함성소리가 요란했다. 그러나 정보는 여전히 싸움을 받아들이지 않고 아무도 내보내지 않았다. 그러자 주유가 침상으로 장수들을 소집해 말했다. "북소리와 고함소리가 나는데 무슨 일이오?"

■30　"우리 장수들이 훈련을 하고 있습니다." 장수들이 대답했다.

　"그대들은 어찌하여 나를 속이는 것이오?" 주유가 성을 내며 말했다. "적들이 하루가 멀다하고 영채의 문까지 와서 내 욕을 하는 걸 내가 모를 것 같소? 하지만 정덕모(정보)는 군권을 가지고 있으면서도 묵묵히 저들의 도발을 받아주고만 있소." 주유는 정보를 오게 하여 왜 그런 식으로 대응하는지 물었다.

　"대도독께서 아프신데 군의관이 절대로 대도독이 화를 내게 해서는 안 된다고 해서 적들이 싸움을 걸어오지만 말씀드리지 않았던 것이오."

　"싸우지 않는다면 어떻게 해야 된다고 생각하시오?" 주유가 물었다. 그러자 모두들 오로 돌아가 주유가 회복하기를 기다렸다가 다시 원정을 나서고자 한다고 말했다.

■29 **feasibility** 실현 가능성　**retain A** A를 간직하다[유지하다]　**revile A** A를 욕하다

■30 **drill** 훈련을 받다, 연습하다　**deceive A** A를 속이다　**suffer A in silence** A를 묵묵히 견디다[감수하다]　**be on no account to V** 어떤 일이 있어도 V해서는 안 된다　**be provoked to anger** 자극받아 화를 내다

31 ZhouYu lay and listened. Suddenly he sprang up, crying, "The noble man who has eaten of his lord's bounty should die in his lord's battles; to return to one's home wrapped in a horse's hide is a happy fate. Am I the sort of man to bring to nothing the grand designs of my country?"

So speaking, he proceeded to gird on his armor and he mounted his horse. The wonder of the officers only redoubled when their Supreme Commander placed himself at the head of some hundreds of horsemen and went out of the camp gates toward the enemy, then fully arrayed.

32 CaoRen stood beneath the great standard. At the sight of the opponents, he flourished his whip and began to hurl abuse at them, "ZhouYu, you babe! I think your fate has met you. You dare not face my men."

The stream of insult never ceased. ZhouYu could stand it no longer. Riding out to the front, he cried, "Here I am, you base churl; look at me!"

The whole CaoRen army were taken aback. But CaoRen turned to those about him and said, "Let us all revile him!" And the whole army yelled insults.

31 주유가 누운 채로 듣다가 느닷없이 벌떡 일어나더니 소리쳤다. "주인의 녹을 먹는 대장부라면 주인을 위해 싸우다 죽어 말가죽에 싸여 귀향하는 것은 행운이오. 내가 이 한 몸 때문에 나라의 대사를 그르치게 놔둘 사람이오?"

말을 마친 주유는 갑옷을 입더니 말에 올랐다. 주유가 수백 명 기병의 선봉에 서서 영채의 문을 박차고 적을 향해 나가더니 전열까지 갖추자 이를 본 장수들의 놀라움은 배가되었다.

32 조인은 커다란 깃발 아래 버티고 서 있다가 오의 군사들을 보자 채찍을 휘두르며 욕설을 퍼붓기 시작했다. "주유 이 젖비린내나는 녀석아. 네 목숨도 이제 끝장이로구나. 감히 내 군사들을 대면하지 못할 것이다."

욕설이 그치지 않자 주유가 더 참지 못하고 말을 몰아 대열의 앞으로 나와 호통쳤다. "주유가 여기 있다. 이 쓰레기 같은 놈아. 내가 보이느냐?"

조인의 군사들이 모두들 깜짝 놀랐다. 그러나 조인은 좌우를 둘러보며 말했다. "모두 욕설을 퍼부어라." 그러자 군사들이 일제히 상스러운 말을 퍼부었다.

---

31 **wrapped in a horse's hide** 말가죽에 싸여 **bring to nothing ~** ~을 수포로 만들다[무위로 만들다] **gird on A** A를 차다[입다]

32 **can stand A no longer** A를 더 이상 견디지 못하다 **base** 상스러운, 비열한 **churl** 미천한 사람

Chapter 51

ZhouYu grew angry and sent PanZhang out to fight. But before he had delivered his first blow, ZhouYu suddenly uttered a loud cry, and he fell to the ground with blood gushing from his mouth.

At this, the CaoRen army rushed to the battle and the men of Wu pressed forward to meet them. A fierce struggle waged around the Supreme Commander's body, but he was borne off safely and taken to his tent.

"Do you feel better?" asked ChengPu anxiously.

"It was a ruse of mine," whispered ZhouYu in reply.

"But what avails it?"

"I am not suffering, but I did that to make our enemies think I was very ill and so oppose them by deceit. I will send a few trusty men to pretend desertion and tell them I am dead. That will cause them to try a night raid on the camp and we will have an ambush ready for them. We will get CaoRen easily."

"The plan seems excellent," said ChengPu.

■33 독이 잔뜩 오른 주유가 반장을 내보내 싸우게 했다. 그러나 반장이 맞붙어 채 1합도 싸우기 전에 주유가 느닷없이 큰 비명을 내지르더니 말에서 떨어지며 입으로 선지피를 콸콸 토했다.

이 모습을 본 조인의 군사들이 돌진하자 오의 군사들도 물밀 듯 밀려나가 맞섰다. 주유를 둘러싸고 치열한 전투가 벌어졌으나 주유는 무사히 구출되어 장막으로 이송되었다.

"몸은 좀 나아지셨소?" 정보가 걱정스럽게 물었다.

"이것은 내 계책이었습니다." 주유가 가만히 정보에게 속삭였다.

"그런 계책이 무슨 쓸모가 있소?"

"내가 피를 토하는 병에 걸린 게 아니면서도 피를 토했던 건 적들을 속여 내가 중병에 걸렸다고 믿게 한 다음 그것을 이용하려는 겁니다. 심복 군사 몇을 보내 거짓으로 항복하게 하고 내가 죽었다는 소문을 퍼뜨리게 할 것입니다. 그럼 저들은 야습을 감행해올 것이고 우리는 그에 대비해 매복을 숨기는 것입니다. 그럼 조인을 쉽게 사로잡을 수 있습니다."

"기가 막힌 계책인 듯하오." 정보가 말했다.

■33 **deliver one's first blow** 첫 공격을 가하다　**gush from A** A로부터 세차게 흘러 나오다　**pretend desertion** 투항을 가장하다

Soon from the tent there arose the sound of wailing as for the dead. The soldiers around took up the cry and said to one another, "The Supreme Commander is dead of his wound," and they all put on the symbols of mourning.

Meanwhile CaoRen was consulting with his officers. He said, "ZhouYu lost his temper and that has caused his wound to reopen and brought on that flow of blood. You saw him fall to the ground and he will assuredly die soon."

Just then there came in one who said that a few men had come over from the enemy, asking to be allowed to join the army of CaoRen; among them were two of CaoCao's men who had been made prisoners.

CaoRen sent for the deserters and questioned them. They told him, "ZhouYu's wound reopened and he died that day. The leaders are all in mourning. We desert because we have been put to shame by the second-in-command."

Pleased at this news, CaoRen at once began to arrange to make a night attack on the camp and, if possible, get the head of the dead general to send to the capital.

"Success depends upon promptitude, so act without delay," said ChenJiao.

34 곧 주유의 장막에서 죽은 사람을 위한 곡소리가 터져나왔다. 주변의 병사들이 울음소리를 듣고 서로 수군거렸다. "대도독이 상처가 도져 죽었다." 그리고는 병사들이 모두 상(喪)을 알리는 표식을 찼다.

한편 관원들과 작전회의를 벌이고 있던 조인이 말했다. "주유는 화를 이기지 못했고 그 때문에 상처가 터지고 피를 토한 것이오. 모두들 보셨다시피 그가 말에서 굴러떨어졌으니 곧 죽을 것이오."

35 그때 병사 하나가 들어와 오군에서 몇 사람이 넘어와 조인의 군사에 합류하고자 한다고 보고했다. 그들 중 두 명은 전에 조조의 군사였다가 오군에 포로로 잡혔던 자들이라는 것이다.

조인이 투항자들을 불러 심문하자 그들이 대답했다. "상처가 다시 터져 주유는 그날로 죽었습니다. 장수들은 모두 곡을 하고 있습니다. 우리는 정보에게 심한 대우를 받아 항복하는 것입니다."

이 말을 들은 조인은 크게 기뻐하며 즉각 야습을 준비하기 시작했다. 그리고 가능하다면 주유의 머리를 잘라 허창으로 보내고자 했다.

"성공은 신속함에 달려 있습니다. 지체 없이 행동하십시오." 진교가 재촉했다.

---

34 **wailing** 통곡, 울음 **take up A** A에 관심을 가지다; A를 받아들이다 **lose one's temper** 침착[이성]을 잃다 **bring on A** A를 초래하다(=bring about A)

35 **be all in mourning** 모두 상중이다 **promptitude** 신속함

Chapter 51

NiuJin was appointed as van leader, CaoRen himself led the center, while the rear was commanded by CaoHong and CaoChun. ChenJiao, and a few men, were left to guard the city.

At the first watch (7 pm~9 pm), they left the city and took the way toward ZhouYu's camp. When they drew near, not a man was visible, but flags and banners and spears were all there. Feeling at once that they had been tricked, they turned to retreat. But a bomb exploded and this was the signal for an attack on all four sides: HanDang and JiangQin from the east; ZhouTai and PanZhang from the west; XuCheng and DingFeng from the south; and ChenWu and LuMeng from the north. The result was a severe defeat for the raiders and the army of CaoRen was entirely broken and scattered abroad so that no one part of the beaten army could aid the other.

36 　조인은 우금(牛金)을 선봉장으로 삼고 자신은 중군을 지휘했으며 후군은 조홍, 조순에게 맡겼다. 진교와 다른 장수들은 남아 성을 지키게 되었다.

　이들은 초경(7 pm~9 pm)에 성을 떠나 주유의 영채로 가는 길에 올랐다. 영채에 가까이 접근해 보니 사람은 그림자도 보이지 않고 깃발과 창들만 꽂혀 있었다. 속았다는 것을 즉시 깨달은 조인은 퇴각하려고 군사를 돌렸다. 그때 신호포가 터지더니 이를 신호로 사면에서 군사들이 쏟아져 나오는데 동쪽에서는 한당과 장흠, 서쪽에서는 주태와 반장, 남쪽에서는 서성과 정봉, 북쪽에서는 진무와 여몽이 들이쳤다. 조인은 대패하고 군사들은 완전히 박살이 나 사방으로 흩어져 서로를 돕는 건 꿈도 꾸지 못했다.

36 scattered abroad 사방으로 흩어진

37 CaoRen, with a few horsemen, managed to get out of the press and presently met CaoHong. The two leaders ran away together and by the fifth watch (3 am~5 am) they had got near JiangLing. Then they heard a beating of drums and LingTong appeared barring the way. There was a small skirmish and CaoRen went off at an angle. But he fell in with GanNing, who attacked him vigorously. (It was that GanNing hastened from YiLing and joined in this on slaught.) CaoRen dared not go back to JiangLing, but he made for XiangYang along the main road. The men of Wu pursued him for a time and then desisted.

ZhouYu and ChengPu then made their way to JiangLing, where they were startled to see flags on the walls and every sign of occupation. Before they had recovered from their surprise, there appeared one, who cried, "Pardon, Supreme Commander; I had orders from my chief to take this city. I am ZhaoZiLong of ChangShan!"

[37] 조인은 기병 몇 기만을 이끌고 겨우 포위를 벗어나 조홍과 합류했다. 조인과 조홍은 함께 달아났다. 5경(3 am~5 am)이 되어 둘이 강릉 부근에 이르자 북소리가 울리더니 능통이 나타나 길을 막아섰다. 잠깐 동안 접전이 벌어졌고 조인은 비스듬히 달아나다 감녕과 맞닥뜨렸다. 감녕이 무섭게 공격해왔다.(감녕은 급히 이릉을 떠나 공격에 가담한 터였다.) 조인은 감히 강릉으로 되돌아가지 못하고 큰길을 따라 양양으로 방향을 틀었다. 오군은 한동안 조인을 추격하다 그만 두었다.

승리를 거둔 주유와 정보는 강릉을 향해 진군했다. 그런데 도착해 보니 강릉의 성벽에 깃발들이 휘날리는 품이 이미 누군가가 점령하고 있었다. 소스라치게 놀란 두 사람이 아직 정신을 차리지 못하는데 한 장수가 얼굴을 내밀며 소리쳤다.
"대도독은 용서하시오. 내가 군사의 명령으로 강릉을 차지했소. 나는 상산의 조자룡이오!"

[37] **skirmish** 소전투, 작은 접전 **desist** 그만 두다

■ 38   ZhouYu was fiercely angry and gave orders to assault the city, but the defenders sent down flights of arrows and his men could not stay near the rampart. So he withdrew and took counsel. In the meantime, he decided to send GanNing with several thousand troops to defend YiLing and LingTong with another several thousands to take XiangYang. JiangLing could be taken later.

But even as these orders were being given, the scouts came in hurriedly to report, saying, "ZhangFei took advantage of General Gan's absence from YiLing and occupied it.* Moreover, XiaHouDun, at XiangYang, received from ZhuGeLiang dispatches, supported by a military commission in due form, which said that CaoRen was in danger and needed help, whereupon XiaHouDun marched off and GuanYu seized that town."

38 주유는 크게 노하여 성을 공격하라 명했다. 그러나 방어군이 화살을 비 오듯 퍼부어 오군은 성벽 근처에 얼씬도 할 수 없었다. 결국 군사를 퇴각시킨 주유는 작전회의를 열어 감녕에게 수천의 군사를 주어 이릉을 지키게 하는 한편 능통에게도 수천의 군사를 주어 양양을 차지하도록 해야겠다고 결정했다. 강릉은 나중에 차지해도 된다는 계산이었다.

그러나 주유가 명령을 내리기도 전에 척후병이 황급히 들어와 보고했다. "장비가 감 장군이 이릉을 비운 틈을 타 성을 차지했습니다.* 더욱이 양양을 지키던 하후돈은 제갈량이 정식 발병부를 가진 사자를 보내 조인이 위험하여 원군이 필요하다는 말을 전하자 군사를 몰아 양양을 나왔고 성은 관우가 차지했습니다."

38 receive from A dispatches, supported by ~, which said that … ~에 의해 뒷받침되며 …이라 말하는 공문서들을 A로부터 받다 **military commission** 발병부(發兵符) *ZhangFei took advantage of General Gan's absence from YiLing and occupied it. 장비가 감 장군이 이릉을 비운 틈을 타 성을 차지했습니다. : 원문에는 장비가 점령한 곳이 형주성이라 돼 있다. 원래 형주성이라는 이름의 장소는 존재하지 않지만 굳이 형주성이라 부를 수 있는 곳은 당시 형주의 수도이던 양양이거나 나중에 형주의 수도가 되는 강릉이다. 그런데 강릉을 점령한 사람은 조운이고 뒤에 나오듯 양양을 점령한 사람은 관우이므로 장비가 형주성을 점령했다면 이는 모순이다. 이런 착오가 생긴 이유는 나관중과 모종강이 모두 지명을 혼동하여 형주성이 따로 존재하는 것으로 착각하였기 때문이다. 따라서 여기에서는 장비가 차지한 성을 이릉으로 고친다. 이는 두 가지 점에서 타당하다. 첫째, 조조군이 아직 남군을 차지하고 있던 당시 조인이 이릉으로 조홍을 급파한 이유가 이릉을 잃으면 강릉도 잃을 정도로 이릉이 군사 요충지라는 것인데 이런 곳을 유비 측에서 방치한다는 것이 타당하지 않기 때문이다. 둘째, 이릉을 유비 측에서 차지하지 않으면 이릉을 점거하고 있는 자는 조홍을 이릉에서 쫓아낸 동오의 감녕이 되어야 하는데 이는 이후의 이야기 전개와 모순되기 때문이다. 감녕이 조홍을 몰아내고 이릉을 점령한 뒤에 이릉에서 물러났다거나 이릉을 유비에게 빼앗겼다는 내용이 원문에는 나오지 않는다. 그러나 이야기 전개를 계속 따라가 보면 감녕 역시 이릉에서 쫓겨났으며 남군의 강릉, 이릉, 양양은 모두 유비의 수중에 떨어지게 된다. 결국 감녕을 이릉에서 몰아내고 유비 측에서 차지하게 되는 내용을 이야기에 삽입할 필요가 있는데 장비로 하여금 이릉을 점거하도록 하면 이야기의 앞뒤 모순이 말끔하게 정리가 되는 것이다.

Chapter 51   165

Thus the three towns that ZhouYu wanted had fallen, without the least effort, into the hands of his rival LiuBei.

"How did ZhuGeLiang get this military commission with which he has imposed on the captains?" asked ZhouYu.

ChengPu replied instead of the scouts, "He captured JiangLiang and therefore captured ChenJiao; and so has got all these emblems into his power."

ZhouYu uttered a great cry for at that moment his wound had suddenly burst open.

> The cities fall, but not to us the gain;
> The guerdon is another's; ours the pain.

The next chapter will say what befell ZhouYu.

이렇게 주유가 빼앗으려 했던 세 성을 유비가 힘 하나 들이지 않고 차지하고 말았다.

"제갈량이 어떻게 병부를 얻어 조조의 장수들을 움직였더냐?" 주유가 물었다.

정보가 척후병들 대신 대답했다. "그가 강릉을 점령하여 진교를 사로잡았으니 발병부가 그의 수중에 들어간 것이오."

주유가 으악! 하고 비명을 질렀다. 상처가 별안간 터져버렸기 때문이었다.

성들이 함락 됐으나 우리 소유가 아니로다
재주는 곰이 부렸고 돈은 왕서방 차지로다

주유는 어떻게 될까?

---

39 **fall into the hands of A** A의 손에 떨어지다 cf. fall-fell-fallen **impose on A** A에게 지우다[강요하다]; A를 속이다 **guerdon** 〈글〉 보답, 보상 **befall A** (보통 나쁜 일이) A에게 생기다 cf. befall-befell-befallen

ZhuGeLiang Talks Cunningly to LuSu
ZhaoYun, by a Ruse, Captures GuiYang

01 ZhouYu's anger at seeing that his rival, ZhuGeLiang, had surprised JiangLing, and at hearing the same news of YiLing and XiangYang, was but natural. And this sudden fit of rage caused his wound to reopen. However, he soon recovered. All his officers besought him to accept the situation, but he said, "What but the death of that bumpkin, ZhuGeLiang, will assuage my anger? If ChengDeMou (ChengPu) can but aid me in an attack on NanJun, I can certainly restore it to my country."

Soon LuSu came in, to whom ZhouYu said, "I simply must fight LiuBei and ZhuGeLiang till it is decided which will have the upper hand. I must also recapture the cities. Perhaps you can assist me."

공명은 교활하게 노숙을 설득하고
조운은 계책으로 계양을 차지하다

01 주유로서는 적수 제갈량이 강릉을 기습하여 빼앗은 것을 눈으로 보고 이릉과 양양도 빼앗겼다는 소식을 귀로 들은 터라 분노가 폭발한 것은 당연했다. 그리고 이런 급격한 분노로 인해 상처가 다시 터져버린 것이다. 하지만 주유는 곧 회복했다. 관원들이 상황을 받아들이라고 간청했으나 주유가 대답했다. "제갈량 그 시골뜨기를 죽이지 않고서야 내 화가 어떻게 풀리겠소? 정덕모(정보)가 나를 도와 공격한다면 분명 남군을 되찾아올 수 있소."

그때 노숙이 들어오자 주유가 노숙에게 말했다. "내가 유비와 제갈량과 싸워 자웅을 겨루고 성들도 되찾아야겠소. 자경(노숙)이 좀 도와주시오."

01 **A's anger at seeing ~ and at hearing ⋯ was but natural.** ~을 보고 ⋯을 들어서 생긴 A의 분노는 자연스러운 것이었다. **surprise** 기습하다 **fit** (감정, 행동 등의) 일시적 격발; 발작 **beseech A to do B** A에게 B하라 간청하다 cf. beseech-besought-besought **bumpkin** 시골뜨기 **assuage A's anger** A의 분노를 누그러뜨리다 **have the upper hand** 더 강하다, 더 우세하다

"It can't be done," replied LuSu. "We are now at grips with CaoCao and victory or defeat is undecided. Our lord has not been successful in overcoming HeFei. With all these conditions, our attack on LiuBei will be like people of the same household destroying each other and if CaoCao takes advantage of this position to make a sudden descent, we will be in a parlous condition. Further, you must remember that LiuBei and CaoCao are united by the bonds of old friendship and, if the pressure becomes too great, LiuBei may relinquish these cities, offer them to CaoCao and join forces with him to attack our country. That would be a real misfortune."

"I can't help being angry to think that we have used our resources for their benefit. They get all the advantage," said ZhouYu.

"Well, let me go and see LiuBei and talk reason to him. If I arrive at no understanding, then attack at once."

"Excellent proposal!" cried all present.

"그러면 안 되오." 노숙이 대답했다. "현재 우리는 조조와 대치 중이며 승패는 아직 가려지지 않았소. 주공께서도 아직 합비를 정복하지 못하고 계시오. 이런 상황에서 유비를 공격하면 같은 편끼리 싸우는 꼴이 되고 조조가 이 기회를 틈타 밀고 내려오면 사태가 심각해지오. 더욱이 유비와 조조는 한때 친분이 두터웠음을 잊어서는 안 되오. 우리가 너무 거세게 압박하면 유비는 성들을 조조에게 바치고 조조와 연합하여 우리를 칠 수도 있소. 이게 바로 정말 심각한 문제요."

"물자와 군사를 쓴 것은 우리인데 실속은 그놈들이 다 챙긴 걸 생각하면 내가 도저히 분을 삭일 수 없소." 주유가 말했다.

"내가 직접 가서 유비를 만나 이치로 설득해보겠소. 만약 말이 통하지 않으면 그때 한꺼번에 공격하시오."

"좋은 생각이오." 모두들 동의했다.

---

02 **be at grips with A** A와 맞붙잡고 드잡이하고 있다 **make a sudden descent** 갑자기 공격하다 **be in a parlous condition** 위험한 상황에 처하다 **relinquish A** A를 포기하다[단념하다] **can't help ~ing** ~하지 않을 수 없다 **talk reason to A** A에게 이성적으로 말하다

So LuSu, with his escort, went away to JiangLing to carry out his proposal and try to arrange matters. He reached the city wall and summoned the gate, whereat ZhaoYun came out to speak with him.

"I have something to say to LiuXuanDe," said he; "I wish to see him."

"My lord and ZhuGeKongMing are waiting for you,*" was the reply.

LuSu was received and ushered through the gates. He found the walls bedecked with flags and everything in excellent order. In his heart, he admired the sight, and thought what an able man the commander of that army was.

■03   이리하여 노숙은 자신이 제안한 안을 실행에 옮겨 사태를 해결하려고 호위병들을 데리고 강릉으로 향했다. 강릉성에 도착한 노숙이 문을 열라고 소리치자 조운이 나와 맞이했다.

"유현덕 공에게 할 말이 있소." 노숙이 말했다. "만나게 해주시오."

"주공과 제갈공명께서 기다리고 계시오.*" 조운이 대답했다.

노숙은 영접을 받아 성문을 지나도록 안내되었다. 강릉 성벽에 깃발들이 가지런하고 모든 게 질서정연한 걸 보고 노숙은 속으로 경탄하며 제갈량은 참으로 뛰어난 군사라고 생각했다.

■03 **summon the gate** 문을 열라고 요구하다 **bedecked with A** A로 꾸며진 *My lord and ZhuGeKongMing are waiting for you. 주공과 제갈공명께서 기다리고 계시오.: 원문은 '주공과 제갈공명은 형주성에 게시오.'이다. 원래 형주성이라는 이름의 장소는 존재하지 않지만 굳이 형주성이라 부를 수 있는 곳은 당시 형주의 수도인 양양이거나 나중에 형주의 수도가 되는 강릉이다. 그런데 조운이 이미 강릉에 있으므로 조운의 말대로라면 유비와 제갈량이 머무르고 있는 곳은 양양이어야 한다. 그러나 이야기가 조금 더 전개되다 보면 유비가 형주의 무릉, 장사, 계양, 영릉의 4개 군을 복속시키기 위해 제갈량의 조언에 따라 유기를 양양으로 보내고 양양에 있던 관우를 불러들여 강릉을 지키게 하면서 자신은 장비와 조운을 이끌고 출격하는 장면이 나오는데 유비가 현재 이미 양양에 있다면 이러한 이야기 전개는 모순이다. 이러한 모순이 발생한 근본적인 이유는 역시 나관중과 모종강이 지명에서 착오를 일으켜 강릉이나 양양 외에 별도로 형주성이라는 곳이 존재하는 것으로 착각했기 때문이다. 이를 해결하기 위해 이야기를 조정하는 방식에는 여러 가지가 있겠으나 유비와 제갈량을 조운과 함께 현재 강릉에 머무르게 하면 원문의 다른 내용을 최소한으로 수정하면서 모순점 역시 해결할 수 있게 된다.

The guards reported his arrival and ZhuGeLiang ordered them to throw wide the gate. LuSu was led into the government house and, after the usual exchange of salutes, LiuBei, ZhuGeLiang and his visitor took their respective seats. Having finished the tea, LuSu said, "My master, the Marquis of Wu, and the Supreme Commander of his army, ZhouYu, have sent me to lay before the Imperial Uncle their views. When CaoCao led his huge troops southward, he gave out that it was for the conquest of JiangNan; really his intention was to destroy the Imperial Uncle. Happily our army was able to repulse that mighty army and so saved him. Therefore JingZhou with its nine commanderies ought to belong to us. But by a treacherous move, the Imperial Uncle has occupied JiangLing, XiangYang and YiLing, so that we have spent our treasure in vain and our armies have fought to no purpose. The Imperial Uncle has reaped the benefits to the full. This is not as it should be."

04 보초병들이 노숙이 왔음을 보고하자 제갈량은 대문을 활짝 열게 했다. 노숙은 아문 안으로 안내되었다. 예의에 맞게 인사를 나눈 후 유비와 제갈량, 노숙은 각자 자리에 앉았다. 차를 다 마신 노숙이 입을 열었다. "우리 주공인 오후와 대도독 주유의 뜻을 황숙께 전해드리기 위해 왔습니다. 조조는 대군을 이끌고 남진하면서 강남을 정복하려 한다고 떠들어댔지만 본심은 황숙을 치려는 것이었습니다. 다행스럽게도 오의 군사들이 조조의 대군을 물리치고 황숙을 구할 수 있었습니다. 그러므로 형주의 9개 군은 오의 차지가 되어야 마땅합니다. 그러나 황숙께서 계책을 쓰시어 강릉과 양양, 이릉을 차지하시는 바람에 오에서는 헛되이 물자와 군사들을 쓴 꼴이 되고 말았습니다. 황숙은 전쟁의 이득을 모조리 차지하셨으나 이는 이치에 맞지 않습니다."

04 **throw wide the gate** 문을 활짝 열다 **take their respective seats** 각자의 자리를 잡고 앉다 **lay before A B's views** A 앞에 B의 견해를 펼치다 **give out that ~** ~을 발표[공표]하다 **repulse A** A를 물리치다[격퇴하다] **fight to no purpose** 싸웠으나 목적을 이루지 못하다; 아무런 목적도 없이 싸우다 **reap the benefits to the full** 이익을 모조리 차지하다

ZhuGeLiang replied, "ZiJing, you are a man of high intelligence; why do you hold such language? You know the saying that all things turn to their owner. These places have never belonged to Wu, but were of the patrimony of LiuJingSheng (LiuBiao), and though he is dead, his son, LiuQi, remains. Should not the uncle assist the nephew to recover his own? Could my master have refrained?"

"If the nephew LiuQi, the rightful heir, had occupied these cities, there would have been something to say. But he is at JiangXia and not here."

"Would you like to see him?" said ZhuGeLiang.

At the same time, he ordered the servants to request LiuQi to come. Thereupon LiuQi at once appeared, supported by two attendants. Addressing LuSu, LiuQi said, "I am too weak to perform the correct ceremonies; I pray you pardon me, ZiJing."

LuSu said not a word; he was too much taken aback. However, he recovered himself presently and said, "But if the heir dies, what then?"

"The heir is living but from day to day; should he go, then— there will be something to talk about."

"Should he die, then you ought to return these cities to us."

"You state the exact facts," said ZhuGeLiang.

05 제갈량이 대답했다. "자경은 고명한 선비이신데 어찌하여 그런 말씀을 하시오? 모든 물건은 그 주인에게 돌아간다는 말을 아실 것이오. 이 지역은 오의 소유인 적이 없으며 유경승의 유산이었소. 비록 경승은 돌아가셨으나 그 아들 유기 공자가 살아 있으니 조카가 자기 땅을 차지하도록 숙부가 도와야하지 않겠소? 우리 주공께서 모른 체하실 수 있겠소?"

"만약 조카이자 정당한 계승자인 유기 공자가 차지했다면 그렇게 말씀하실 수도 있소. 하지만 유기 공자는 지금 이곳이 아니라 강하에 있소."

"공자를 만나시려오?" 제갈량이 물었다.

06 제갈량은 곧바로 하인들에게 명령해 유기에게 와달라고 청하게 했다. 얼마 안 있어 유기가 두 사람의 부축을 받으며 나타났다. 노숙을 향해 유기가 말했다. "내가 몸이 너무 쇠약해져 예의를 갖출 수 없으니 자경은 이해해주시오."

노숙은 너무 놀라 아무 말도 하지 못했다. 하지만 이윽고 정신을 차린 노숙이 입을 열었다. "하지만 공자가 죽는다면 어떻게 하시겠소?"

"공자는 하루하루 연명하고 있을 뿐이오. 공자가 죽는다면 그때 가서 다시 이야기해야겠죠."

"공자가 죽게 되면 세 성을 돌려주셔야 하오."

"당연한 말씀이오." 제갈량이 대답했다.

---

05 **hold such language** 그런 말을 하다 **patrimony** 유산, 세습 재산 **assist A to recover A's own** A가 A 자신의 것을 되찾도록 돕다 **refrain** 삼가다, 자제하다

06 **live but from day to day** (미래에 대한 희망이나 계획 없이) 그저 하루하루 연명하다

07   Then a banquet was prepared and, that over, LuSu took his leave.

He hastened back to his own camp and gave ZhouYu an account of his mission.

"But what is there for us in the chance of LiuQi's death?" said ZhouYu. "He is in his very first youth. When will these places fall to us?"

"Rest content, Supreme Commander; let me guarantee the return of these places."

"But how can you?" asked ZhouYu.

"LiuQi has indulged too freely in wine and women; he is a wreck and rotten to the core, miserably emaciated and panting for breath. I will not give him half a year's life. Then I will go to LiuBei and he will be unable to deny the request."

08   But ZhouYu was still unmollified. Suddenly a messenger came from SunQuan and said, "Our lord is laying siege to HeFei but in several battles has had no victory. He now orders you to withdraw from here and go to HeFei to help him."

Thereupon ZhouYu marched back to ChaiSang. Having reached home, he began to give attention to the recovery of his health. He sent ChengPu with the marine and land forces to HeFei ready for SunQuan's call.

07 이윽고 연회가 마련되었다. 잔치가 끝나자 노숙은 작별하고 떠났다.

본진으로 서둘러 돌아간 노숙은 주유에게 갔다 온 일을 보고했다.

"하지만 유기가 왜 죽겠소?" 주유가 물었다. "그는 이제 막 청춘이오. 세 성이 언제 우리 수중에 떨어지겠소?"

"대도독은 마음을 놓으시오. 성들은 확실히 우리에게 돌아오게 돼 있소."

"어떻게 그럴 수 있다는 것이오?" 주유가 물었다.

"유기는 술과 여자를 너무 밝혀 골수까지 폐인이 되었소. 비참하게 야윈데다 숨도 제대로 쉬지 못하니 반년도 더 살지 못할 것이오. 그때 유비를 찾아가 성들을 돌려달라고 하면 거절하지 못할 것이오."

08 그러나 주유는 여전히 화가 풀리지 않는데 별안간 손권이 보낸 사자가 도착하여 말했다. "주공께서 합비를 에워싸 수차례 전투를 벌이셨으나 이기지 못하셨습니다. 그래서 대도독께서 이곳 군사를 거두어 합비로 오셔서 싸움을 도우라 십니다."

이리하여 주유는 시상으로 회군했다. 본국으로 돌아온 주유는 건강을 회복하는데 신경을 쓰는 한편 정보에게 수군과 육군을 거느리고 합비로 가서 손권의 부름에 응하도록 했다.

07 in the chance of A's death A가 죽을 가능성에서 **indulge too freely in ~** ~에 너무 방종하게 탐닉하다 **wreck** 폐인; 난파선; 파괴 **rotten to the core** 속까지 썩은 **miserably emaciated** 비참하게 야윈 **pant for breath** 헐떡이며 숨을 쉬다 **will not give A half a year's life** A는 반년도 살지 못할 것으로 본다 **deny the request** 청을 거절하다

08 **unmollify** 달래지지 않다 cf. mollify ~을 달래다 **lay siege to A** A를 포위하다 **give attention to the recovery of A's health** A의 건강의 회복에 주의를 기울이다

Chapter 52 **179**

09 LiuBei was exceedingly well satisfied with the possession of his new territory and his thoughts turned to more ambitious schemes. Then a certain man came to him to suggest a plan. This man was YiJi and, remembering the kindly feeling of other days, LiuBei received him most graciously. When he was seated, and his host asked what he proposed, he said, "You wish for a plan to accomplish yet greater deeds; why not seek wise men and ask them?"

"Where are these wise men to be found?" asked LiuBei.

YiJi replied, "In this area, there is a certain family named Ma, five brothers, all of whom are known as men of ability. The youngest is called MaSu, styled YouChang. The ablest is MaLiang, styled JiChang, who has white hairs in his eyebrows, and the villagers have a little rhyming couplet that means there are five sons in the family Ma but white eyebrows* is the best of them. You should get this man to draw up a plan for you."

09 유비는 새로 영토를 얻어 무척이나 흡족했다. 좀더 원대한 포부를 품기 시작한 유비에게 어떤 사람이 계책을 올리겠다고 찾아왔다. 이적이었다. 유비는 지난날 이적이 베푼 은혜를 잊지 않고 있었으므로 융숭하게 맞이했다. 이적이 자리에 앉자 유비가 어떤 계책인지를 물었다. 이적이 대답했다. "큰 업적을 이룰 계획이시라면 어찌하여 현명한 인재들을 구해 상의하지 않으십니까?"

"어디에 가야 그 현명한 인재들을 만날 수 있소?" 유비가 물었다.

이적이 대답했다. "이 지역 양양에 마(馬) 씨 일족이 있습니다. 형제가 다섯인데 모두들 뛰어난 재주를 가진 것으로 유명합니다. 막내는 이름이 마속(馬謖)이고 자는 유상(幼常)입니다. 가장 현명한 이는 이름이 마량(馬良)이고 자는 계상(季常)인데 눈썹이 하얗습니다. 마을 사람들이 짤막한 노래를 지었는데 '마 씨 집안에 다섯 형제 있으나 흰 눈썹*이 그 중 제일(馬氏伍常 白眉最良: 마씨오상 백미최량)'이라는 내용입니다. 이 사람을 구해 계책을 얻으셔야 합니다."

09 ambitious schemes 야망찬 계획들 eyebrows 눈썹 cf. eyelashes 속눈썹 couplet 2행 연구, 대구 *white eyebrows 백미(白眉): 오늘날 가장 뛰어난 것, 으뜸이 되는 것을 뜻하며 마씨오상 백미최량(馬氏五常 白眉最良: 마 씨 집안에 다섯 형제 있으나 흰 눈썹이 그 중 제일이다)에서 유래한 표현이다.

So LiuBei told them to request his presence. MaLiang came and was received with great respect. He was asked to suggest a plan for the security of the newly acquired area and he said, "Attacked as it is on all sides, this area is not one in which one is permanently secure. You should let LiuQi remain here until he recovers from his present illness, the actual protection of the place being left in the hands of trusty friends. Obtain an imperial edict appointing him Inspector of JingZhou and this will relieve people of their anxieties. Then, conquer WuLing, ChangSha, GuiYang and LinLing* and with the resources you will thus acquire, you will have the means for further plans. That should be your policy."

"Which of the four areas should be first taken?" asked LiuBei.

"Strategically the most important place is LinLing, which lies in the west of the River Xiang. Seize it first. The next is WuLing and then march toward GuiYang in the east of the River Xiang. Finally take ChangSha."

10	유비는 곧 부하들을 통해 마량에게 와주기를 청했다. 마량이 도착하자 극진한 예우로 맞이한 유비는 새로 얻은 영토를 지킬 계책을 물었다. 마량이 대답했다. "이 지역은 사방으로 공격을 받는 형세라 지속적으로 안정을 유지하기가 어렵습니다. 유기 공자를 병이 나을 때까지 이곳에 머무르게 하시되 실제 방비는 믿을 수 있는 부하들에게 맡기십시오. 유기 공자를 형주자사로 임명하는 황제의 칙령을 받아내십시오. 그럼 백성들이 안심하게 됩니다. 그 다음 무릉(武陵), 장사(長沙), 계양(桂陽), 영릉(零陵)* 네 군을 차지하십시오. 그래서 군사와 자원을 확보하시면 큰일을 도모할 수단을 얻게 되시니 이것이 계책입니다."

"네 군 중 어느 곳을 먼저 차지해야 하오?" 유비가 물었다.

"상강(湘江)의 서쪽에 자리한 영릉이 전략적으로 가장 중요하니 먼저 차지하십시오. 다음은 무릉, 그 다음에는 상강 동쪽에 위치한 계양으로 진군하시고 마지막으로 장사를 차지하십시오."

---

10 **the security of the newly acquired area** 새로 얻은 지역의 안보[보안] **permanently secure** 영원히 안전한 **recover from A's present illness** A가 현지의 병에서 회복하나 **imperial edict** 황제의 조서 **relieve A of B** A에게서 B를 경감[완화]시키다 *WuLing, ChangSha, GuiYang and LinLing 무릉(武陵), 장사(長沙), 계양(桂陽), 영릉(零陵); 모두 형주에 속한 군들이다.

Chapter 52   183

11 MaLiang was given an appointment as Officer, with YiJi as his second. Then LiuBei consulted ZhuGeLiang about sending LiuQi to XiangYang, so that GuanYu could be free to return. Next they made preparations to attack LinLing, and ZhangFei was to lead the van. ZhaoYun was to guard the rear while LiuBei and ZhuGeLiang were to command the main body. In all, they had fifteen thousand men. GuanYu, together with MiZhu and LiuFeng, was left to hold JiangLing.

12 The Prefect of LinLing was LiuDu. When danger thus threatened, he called in his son LiuXin and they discussed the case. The son was very self-confident and said to his father, "Have no anxiety. They may have the known and famous warriors, ZhangFei and ZhaoYun, but we have our leader, XingDaoRong, who is a match for any number of men. He can withstand them."

13 So LiuXin, with the famous leader, was entrusted with the defense. At the head of ten thousand troops, they made a camp about thirty *li* (12 km) from QuanLing, the capital of LinLing Commandery, with the shelter of hills and a river. Their scouts brought news that ZhuGeLiang was close at hand with one army. XingDaoRong decided to check his advance and went forth to oppose him. When both sides were arrayed, XingDaoRong rode to the front. In his hand, he held a battle-axe called Cleaver of Mountains. In a mighty voice, he cried, "Rebels, how comes it that you have dared to enter our territory?"

11 유비는 마량을 종사로 삼고 이적으로 하여금 보좌하게 했다. 다음으로 제갈량과 상의해 유기를 양양으로 보내고 관우를 돌아오게 한 후 영릉을 칠 준비를 했다. 장비를 선봉으로 삼고 조운에게는 후군을 이끌게 했으며 유비와 제갈량은 중군을 맡았다. 총병력은 1만5000에 달했다. 관우는 미축, 유봉과 함께 뒤에 남아 강릉을 지키게 했다.

12 영릉태수는 유도(劉度)였다. 위험이 임박해지자 유도는 아들 유현(劉賢)과 상의했다. 자신만만한 유현이 유도에게 말했다. "걱정마십시오. 저들에게 장비, 조운과 같은 명장들이 있다하나 우리에게는 일당백도 가능한 형도영(邢道榮)이 있으니 막아낼 수 있습니다."

13 이리하여 유현은 형도영과 함께 방어에 나서 1만의 군사들을 이끌고 영릉의 수도인 천릉(泉陵)성에서 30리(12 km) 떨어진 곳에 산과 강을 끼고 영채를 세웠다. 제갈량이 한 무리의 군사를 이끌고 다가오고 있다는 척후병들의 보고가 올라왔다. 형도영은 제갈량의 진군을 저지하기로 결심하고 맞서기 위해 나섰다. 양편이 전열을 마주하자 형도영이 앞으로 말을 몰아 나서는데 손에는 개산대부(開山大斧: 산을 쪼개는 도끼)라는 이름의 도끼를 들고 있었다. 형도영이 우렁찬 목소리로 호통쳤다. "역적들이 어찌 감히 남의 땅에 쳐들어오느냐?"

11 hold A A를 지키다

12 self-confident 자신만만한 be a match for any number of men 아무리 많은 수의 사람도 상대할 수 있다

13 be entrusted with the defense 방어를 맡다 with the shelter of A and B A와 B를 방어물로 삼아 be close at hand 가깝다 cleaver of A A를 쪼개는 것 how comes it that ~? 어째서[왜] ~인가?

From the center of the opposing army, where appeared a cluster of yellow flags, there came out a small four-wheeled carriage in which sat, very erect, a certain man dressed in white, with a turban on his head. In one hand, he held a feather fan, with which he signed to the warrior to approach. At the same time, he said, "I am ZhuGeKongMing of NanYang, whose plans broke up one million troops of CaoCao so that nothing of them returned where they started. How then can you hope to oppose me? I now offer you peace and it will be well for you to surrender."

　　　　맞은 편 군사들의 가운데에서 한 무리의 누런 깃발들이 모습을 드러내더니 깃발들 사이에서 조그마한 네 바퀴 수레가 나타났다. 수레 안에는 흰 옷을 입고 머리에 두건을 동여맨 사람이 꼿꼿이 앉아 있었다. 그는 한 손에 깃털로 만든 부채를 들고 있었는데 부채로 형도영에게 다가오라는 손짓을 하면서 말했다. "나는 남양의 제갈공명이다. 나의 계책으로 조조의 100만 대군을 무찔러 갑옷 한 조각 돌아가지 못했다. 그런데 너희들이 어떻게 나와 맞서려고 하느냐? 내가 이제 화친을 제안하니 항복하는 게 좋을 것이다."

14 **a cluster of A** 한 무리의 A　**erect** 꼿추선, 곧은　**feather fan** 깃털 부채

15   XingDaoRong laughed derisively. "Their defeat was owing to the plan of ZhouYu; you had nothing to do with it. How dare you try to deceive me?"

So saying, he swung up his battle-axe and came running toward ZhuGeLiang. But ZhuGeLing turned his carriage and retired within the lines, which closed up behind him. XingDaoRong still came rushing on. As he reached the array, the men fell away on both sides and let him proceed. XingDaoRong looked round for his chief opponent. Seeing a yellow flag moving along quietly, he concluded that ZhuGeLiang was with it and so followed it. When the flag had gone over the shoulder of a hill, it stopped. Then suddenly as if the earth had opened and swallowed it up, the four-wheeled carriage disappeared, while in its place came a ferocious warrior with a long spear in his hand and mounted on a curvetting steed. It was ZhangFei, who dashed at XingDaoRong with a tremendous roar.

형도영이 가소롭다는 듯 껄껄 웃었다. "조조가 패한 것은 주유의 계책 때문이었고 너와는 상관이 없다. 어찌 감히 나를 속이려 하느냐?"

	말을 마친 형도영이 도끼를 휘두르며 제갈량에게 달려들었다. 제갈량이 수레를 돌려 진 안으로 물러나자 진이 닫혔는데 형도영이 여전히 말을 몰아 대열에까지 들이닥치자 군사들이 양편으로 갈라져 형도영에게 진로를 열어줬다. 형도영이 제갈량을 찾아 사방을 둘러보니 소리없이 움직이는 노란 깃발 하나가 보였다. 제갈량이 깃발과 함께 있으리라 판단한 형도영이 추격에 나섰다. 그런데 산등성이를 넘어간 깃발이 제 자리에 멈춰서더니 갑자기 땅이 입을 열어 삼키기라도 한 듯 네 바퀴 수레는 온데간데없이 사라지고 그 자리에 긴 창을 들고 말에 올라탄 무시무시한 장수가 나타났다. 말이 앞발을 들어 도약하는데 장비였다. 장비는 천둥 같은 고함을 내지르며 형도영에게 달려들었다.

15 **derisive** 비웃는, 조롱하는　**owing to A** A 때문에　**fall away on both sides** 양편으로 물러나다　**ferocious** 흉포한, 사나운　**curvetting steed** 도약하는 말

Nothing daunted, XingDaoRong whirled up his battle-axe and went to meet ZhangFei. But after four or five bouts, he saw that there was no chance of victory for him, so he turned his horse and ran. ZhangFei pursued, the air shaking with the thunder of his voice.

Then the ambushed men appeared. XingDaoRong, undaunted, rushed into their midst. But in front appeared another warrior barring the way, who called out, "Do you know me? I am ZhaoZiLong of ChangShan."

XingDaoRong knew that all was over; he could neither fight nor fly. So he dismounted and gave in. He was fettered and taken to camp, where were LiuBei and ZhuGeLiang. The former ordered him out to execution, but ZhuGeLiang hastily checked him.

"We will accept your submission if you capture LiuXin for us," said he.

The captive accepted the offer without the least hesitation, and when ZhuGeLiang asked how he intended to do it, he replied, "If you set me free, I will be cunning of speech. If you raid the camp this evening, you will find me your helper on the inside. I will make LiuXin a prisoner and will hand him over to you. He being captured, his father will surrender at once."

■16　형도영도 거리낌없이 도끼를 휘두르며 장비에 맞섰으나 4~5합을 싸워보니 도저히 이길 승산이 없어 말머리를 돌려 달아났다. 장비가 벽력 같은 고함으로 공기를 찢으며 추격했다.

그때 매복군이 뛰쳐나왔다. 형도영이 조금도 두려워하지 않고 매복군의 중앙으로 돌진하는데 또 다른 장수 하나가 그 앞을 막아서며 소리쳤다. "네가 상산의 조자룡을 아느냐?"

■17　싸울 수도, 달아날 수도 없게 된 형도영은 모든 게 끝장임을 직감하고 말에서 내려 항복했다. 꽁꽁 묶여 영채로 끌려와 보니 유비와 제갈량이 있었다. 유비가 형도영을 끌어내 목을 베라고 명령하는데 제갈량이 황급히 유비를 말렸다.

"네가 유현을 잡아오면 항복을 받아주겠다." 제갈량이 말했다.

■18　형도영은 주저 없이 제갈량의 제안을 받아들였다. 제갈량이 어떻게 유현을 잡을 것인지 묻자 형도영이 대답했다. "저를 풀어주신다면 교묘한 말로 꾸밀 것입니다. 오늘 저녁에 영채를 습격하십시오. 제가 안에서 호응하여 유현을 사로잡아 바치겠습니다. 유현이 잡히면, 그 아비인 유도도 즉각 항복할 것입니다."

■16 **nothing daunted** 조금도 기죽지 않고, 조금도 두려워하지 않고

■17 **be fettered** 족쇄가 채워지다, 속박되다
order A out to execution A를 밖으로 끌어내 처형하라 명하다

■18 **be cunning of speech** 말을 교묘하게 하다

Chapter 52　**191**

■19　　LiuBei doubted the good faith of the man, but ZhuGeLiang said, "I know I can answer for him."

Therefore he was set free and went back to camp, where he related all that had occurred.

"What can we do?" asked LiuXin.

"We can meet trick with trick. Put soldiers in ambush tonight outside our camp while inside everything will appear as usual. When ZhuGeLiang comes, we will capture him."

Thus the ambush was prepared.

■20　　At the second watch (9 pm~11 pm), a troop came out of the darkness and appeared in the gate. Each man carried a torch and they began to set fire to all about them. Out dashed LiuXin and XingDaoRong and the incendiaries forthwith fled. The two warriors pursued them, but the fugitives ran and then suddenly disappeared at about ten *li* (4 km) from the camp. Much surprised, the two turned to wend their way back to their own camp.

■21　　It was still burning for no one had extinguished the flames. Soon from behind them came out ZhangFei. LiuXin called out to his companion not to enter the burning camp, but to go with him to attack ZhuGeLiang's stockade.

19 　유비는 형도영의 진심을 의심했으나 제갈량이 말했다. "형 장군의 진심은 제가 책임지겠습니다."

　이렇게 풀려나 본진으로 돌아간 형도영은 있었던 일을 모두 털어놓았다.

　"그러면 어떻게 해야하오?" 유현이 물었다.

　"계책에는 계책으로 맞서야지요. 오늘 밤 영채 밖에는 군사를 매복시키고 영채 안은 평상시와 다름없이 보이게 하면 제갈량이 왔을 때 사로잡을 수 있습니다."

　이렇게 해서 매복이 준비되었다.

20 　2경(9 pm~11 pm)이 되자 과연 한 무리의 군사들이 어둠 속에서 나와 영채의 문으로 접근했다. 각 병사들은 횃불을 들고 있었는데 사방에 불을 지르기 시작했다. 유현과 형도영이 들이닥치자 불을 지르던 군사들이 달아났다. 유현과 형도영이 추격에 나섰으나 달아나던 병사들은 영채에서 10리(4 km) 가량 떨어진 곳에 이르자 별안간 모두 사라져버렸다. 깜짝 놀란 두 사람은 말머리를 돌려 영채로 돌아왔다.

21 　영채는 불을 끄는 사람이 없어 여전히 불길에 휩싸여 있었다. 그때 타오르는 불길 뒤에서 장비가 뛰쳐나왔다. 유현은 형도영에게 타고 있는 영채로 들어가지 말고 함께 제갈량의 영채를 들이치자고 말했다.

---

19 good faith of A A의 진심　answer for A A에 대해 책임을 지다　meet trick with trick 계략에는 계략으로 맞서다

20 incendiary 방화자, 방화범　wend one's way back to A A로 진로를 잡다[바꾸다]

21 extinguish A A를 끄다

■22 Thereupon they turned again, but at a distance of ten *li* (4 km) ZhaoYun and a troop suddenly debouched upon their road. ZhaoYun attacked and XingDaoRong fell. LiuXin turned to flee, but ZhangFei was close upon him and made him prisoner. He was thrown across a horse, bound and taken to camp. When he saw ZhuGeLiang, he laid blame on his fallen comrade, saying, "I listened to his evil counsel and this deed is not my own wish."

ZhuGeLiang ordered them to loose his bonds, had him properly dressed and gave him wine to cheer him and help him forget his troubles. When he was recovered, he was told to go to his father and persuade him to yield.

"And if he doesn't, the city will be destroyed and everyone put to death," said ZhuGeLiang as he left.

■23 The son returned to the city and told his father these things. LiuDu at once decided to yield and forthwith hoisted the flag of surrender, opened the gates, and went out, taking his seal of office with him. He was reappointed to his prefectship, but his son was sent to JiangLing for service with the army.

The people of LinLing all rejoiced greatly at the change of rulers. LiuBei entered the city, calmed and reassured the people and rewarded his army.

22 이렇게 두 사람은 다시 방향을 틀었으나 10리(4 km)를 가자 조운이 이끄는 한 무리의 군사들이 쏟아져 나와 길을 막았다. 조운의 공격을 받은 형도영이 말에서 거꾸러지자 유현은 말머리를 돌려 달아났다. 그러나 바짝 따라붙은 장비가 유현을 사로잡더니 꽁꽁 묶어 말등에 얹어 영채로 끌고갔다. 제갈량을 본 유현은 형도영에게 죄를 뒤집어 씌웠다. 유현이 말했다. "저는 형도영이 부추겨서 따랐을 뿐입니다. 제 본심으로 그랬던 게 아닙니다."

제갈량은 병사들에게 명령해 유현의 결박을 풀게하고 옷을 입혀준 다음 술을 내려 기분을 풀고 놀란 가슴을 진정시키게 했다. 유현이 진정되자 제갈량은 유현을 유도에게 보내 항복을 권하게 했다.

"만약 항복하지 않으면 성을 깨뜨려 모두 몰살시킬 것이다." 유현이 떠나는데 제갈량이 으름장을 놓았다.

23 천릉성으로 돌아간 유현은 아버지 유도에게 사실을 이야기했다. 유도는 즉시 항복하기로 하고 항복을 알리는 깃발을 내걸고 문을 활짝 연 다음 관인을 가지고 밖으로 나왔다. 유도는 다시 영릉의 태수로 임명되었으나 유현은 강릉으로 파견되어 군에서 일하게 되었다.

영릉의 백성들은 유비의 통치를 받게 된 것을 모두들 기뻐했다. 유비는 성으로 들어가 백성들을 안정시키고 병사들에게 상을 내렸다.

---

22 **debouch** (하천, 도로, 군대 등이 좁은 곳에서 넓은 곳으로) 나오다, 진출하다

23 **hoist the flag of surrender** 항복의 깃발을 걸다 **prefectship** 태수의 직위

Chapter 52

24 But he at once began to think of the next move and asked for an officer to volunteer to take GuiYang. ZhaoYun offered, but ZhangFei vehemently proposed himself for the command of the expedition. So they wrangled and contended. Then ZhuGeLiang said, "Undoubtedly ZiLong (ZhaoYun) was first to volunteer, therefore he is to go."

Still ZhangFei opposed and insisted on going. They were told to decide the dispute by drawing lots and ZhaoYun drew the winning lot. ZhangFei was still very angry and grumbled, "I would not have wanted any helpers; just three thousand troops and I would have done it."

"I also only want three thousand," said ZhaoYun. "And if I fail, I am willing to suffer the penalties."

ZhuGeLiang was pleased that he recognized his responsibility so fully, and with the commission gave him three thousand veterans.

24 그러나 유비는 즉각 다음 조치를 강구하기 시작했다. 유비가 계양을 공격할 자원자가 있는지 묻자 조운이 나섰다. 하지만 장비도 분연히 나서 원정군을 이끌기를 자원했다. 두 사람이 서로 가겠다고 옥신각신하자 제갈량이 말했다. "자룡이 먼저 자원했으니 자룡이 가야 하오."

장비가 승복하지 않고 가겠다고 고집을 부려 제비를 뽑아 정하기로 했다. 조운이 이기는 제비를 뽑았다. 그러나 여전히 화가 난 장비가 투덜댔다. "나는 다른 도움은 필요없고 군사 3000만 주시면 계양을 바치겠소."

"저도 3000이면 됩니다." 조운이 말했다. "만약 성을 빼앗지 못하면 군령에 따라 처벌받겠습니다."

제갈량은 조운이 책임을 확실히 인식한 것을 보고 기뻐하며 정예병 3000을 지휘할 권한을 주었다.

---

24 **vehemently** 열심히; 격렬하게 **wrangle and contend** 말다툼을 하고 싸우다 **decide the dispute by drawing lots** 제비를 뽑아 분란을 해결하다 **draw the winning lot** 이기는 제비를 뽑다 **grumble** 투덜대다, 불평하다

Though the matter was thus settled, ZhangFei was discontented and pressed his claim till LiuBei bade him desist and retire.

With his three thousand troops, ZhouYun took the road to GuiYang. The prefect, ZhaoFan, soon heard of his approach and hastily called his officers to take counsel. Two of them, ChenYing and BaoLong, offered to meet the invaders and turn them back.

These two warriors belonged to GuiYang and had made themselves famous as hunters. ChenYing used a harpoon and BaoLong could draw a bow with such force that he had been known to send an arrow through two tigers. So strong were they, as well as bold.

They stood before ZhaoFan and said, "We will lead the way against LiuBei."

The prefect replied, "I know that LiuBei is of the imperial family: ZhuGeLiang is exceedingly resourceful: GuanYu and ZhangFei are very bold. But the commander of this force is ZhaoYun who, on one occasion, faced one million troops in DangYang and never blenched. Our small force here can't stand against such people. We will have to yield."

"Let me go out to fight," said ChenYing. "If I can't capture ZhaoYun, then you can yield."

일이 이렇게 결정되었음에도 장비가 불만을 쏟아내며 고집을 부리자 유비가 호통을 쳐 쫓아냈다.

조운은 3000의 군사를 이끌고 계양으로 가는 길에 올랐다. 계양태수 조범(趙範)은 조운이 온다는 소식을 듣고 급히 관원들을 모아 회의를 열었다. 관원들 중 진응(陳應)과 포륭(鮑隆)이 조운을 맞아 싸워 물리치겠다고 나섰다.

두 장수들은 계양 출신이었는데 사냥꾼으로 이름이 높았다. 진응은 작살을 사용했고 포륭은 활을 당기는 힘이 대단해 화살 한 대로 호랑이 두 마리를 동시에 꿰뚫어 잡은 적이 있다고 알려진 인물이었다. 두 장수는 용감한 것은 물론 이처럼 강했다.

두 사람은 조범 앞에 서서 말했다. "저희가 나서 유비를 막겠습니다."

조범이 대답했다. "유비는 황족의 일원이며 제갈량은 그 책략이 귀신과 같다고 알고 있네. 관우와 장비 또한 맹장인데 지금 접근하는 부대의 장수는 조운이네. 조운은 예전에 당양에서 100만의 군대와 맞섰으나 조금도 위축되지 않았네. 우리의 적은 군사로 이런 사람들과 맞설 수는 없으니 항복해야 하네."

"저희가 싸우게 해주십시오." 진응이 고집을 부렸다. "저희가 조운을 사로잡지 못하면 그때 항복하셔도 늦지 않습니다."

25 be discontented 불만족스럽다 desist 그만 두다 **harpoon** 작살 **lead the way against** 솔선하여 …에 맞서다

26 resourceful 지모가 풍부한: 자원[재력]이 풍부한 **blench** 움찔하다, 공포에 질리다

The prefect could not resist him and gave his consent. Then ChenYing, with three thousand troops, went forth and soon the two armies came within sight of each other. When ChenYing's army was drawn up, he grasped his harpoon and rode to the front. ZhaoYun gripped his spear and rode to meet him. ZhaoYun began to rail at ChenYing, saying, "My master is the brother of LiuJingSheng (LiuBiao) to whom belonged this land. Now he is supporting his nephew, the heir and son of LiuJingSheng. Having taken JingZhou, he sent me to soothe and comfort the people here. Why then do you oppose me?"

"We are supporters of Prime Minister CaoCao and are no followers of your master," was the reply.

ZhaoYun, waxing angry, firmly grasped his spear and rode forward. His opponent twirled his harpoon and advanced. The horses met, but after four or five encounters, ChenYing, realizing that there was no hope of victory, turned and fled. ZhaoYun followed. Suddenly turning, ChenYing got close to ZhaoYun and flung the fork. ZhaoYun deftly caught it and threw it back. ChenYing dodged away, but ZhaoYun soon caught him up, seized ChenYing, dragged him out of the saddle and threw him to the ground. Then he called up his soldiers and they bound the prisoner. He was taken to the camp, while his men scattered and fled.

■27 　조범도 더는 어쩌지 못하고 허락하여 진응은 3000의 군사를 이끌고 나갔다. 곧 양 군사들이 서로 바라보이는 거리에 이르렀다. 진응은 군사의 전열을 가다듬은 후 작살을 꼬나쥐고 선두에 나섰다. 조운도 창을 꼬나쥐고 맞서 나왔다. 조운이 진응을 꾸짖기 시작했다. "우리 주공께서는 형주의 주인인 유경승(유표)의 아우님이시다. 지금 유경승의 아들이자 형주의 계승자인 조카를 도와 형주를 차지하신 후 나를 보내 백성들을 위로하고 달래게 하셨다. 그런데 어찌하여 나에게 맞서느냐?"

　"우리는 조 승상을 모시지 네 주인을 따르는 것이 아니다." 진응이 대답했다.

■28 　조운이 화가 치솟아 창을 꼬나쥐고 달려들자 진응도 작살을 휘두르며 덤벼들었다. 두 마리 말이 어울리고 3~4합을 싸우자 진응은 조운을 도저히 이길 수 없음을 직감하고 말을 돌려 달아났다. 조운이 추격에 나서자 진응은 별안간 몸을 돌려 조운과 거리가 좁혀지자 작살을 던졌다. 조운은 솜씨 좋게 작살을 잡아 진응에게 되받아 던졌다. 진응이 몸을 비껴 작살을 피했으나 조운은 곧 진응을 따라잡아 낚아채더니 안장에서 끌어내 땅바닥에 내동댕이쳤다. 조운이 곧 군사들을 호령하여 부르니 병사들이 달려들어 진응을 꽁꽁 묶었다. 진응은 영채로 끌려갔고 진응의 병사들은 흩어져 달아났다.

■27 **grasp A** A를 꽉 쥐다 **grip A** A를 꽉 쥐다 **rail at A** A에게 욕을 하다 **soothe** ~을 달래다

■28 **twirl A** A를 휘두르다 **deftly** 능숙하게, 솜씨 좋게 **dodge away** 피하다 **catch A up** A를 따라잡다

"I thought you would not dare a combat with me," said ZhaoYun to the prisoner when they had returned to camp. "However, I am not going to put you to death. You are free. But persuade your master to yield."

ChenYing asked pardon, put his hands over his head and fled like a frightened rat. When he reached Chen County, the capital of GuiYang Commandery, he told the prefect all these things.

"My original desire was to yield, but you insisted on fighting and this is what it has brought you to."

So spoke the prefect. He bade ChenYing begone and then prepared his letter of submission and put up his seal. With a small party, he went out of the city and made his way to ZhaoYun's camp. ZhaoYun received him graciously, offered him wine and then accepted the seal of office.

After the wine had gone round several times, ZhaoFan became talkative, "General, your surname is the same as mine, and five centuries ago we were one family. You are from ChangShan and so am I. Moreover we are from the same village. If you don't mind, we might swear brotherhood. I would be very happy."

■29 "네가 감히 나와 맞서지 못할 거라 생각했다." 영채로 돌아온 조운이 진응에게 말했다. "하지만 너를 죽이지 않고 풀어줄 것이니 네 주인을 설득해 항복하게 해라."

진응은 용서를 구했고 머리를 두 손으로 감싸쥐고 놀란 쥐새끼처럼 달아났다. 계양군의 수도인 침현(郴縣)으로 돌아온 진응은 조범에게 모든 일을 말했다.

"내가 원래 항복하려고 했더니 자네들이 싸울 것을 주장해 일이 이렇게 된 것이네."

■30 이렇게 말한 조범은 진응에게 꺼지라 명령하고 항복 문서를 준비했다. 관인을 받들어 들고 약간의 관원들을 거느리고 조범은 조운의 영채를 찾아갔다. 조운은 조범을 따뜻하게 맞이하여 술을 권하고 관인을 받았다.

술이 몇 순 돌자 조범은 말이 많아졌다. "장군의 성과 제 성이 같습니다. 더욱이 500년 전 만 해도 우리는 한집안이었지요. 저도 장군과 같이 상산 태생인데 마을도 서로 같습니다. 장군만 괜찮으시면 의형제를 맺고 싶은데 그럼 제게는 큰 행운이겠습니다."

■30 **bid A begone** A에게 꺼지라 명하다 cf. bid-bade-bidden **talkative** 말이 많은, 수다스러운 **swear brotherhood** 의형제를 맹세하다

ZhaoYun was pleased and they compared ages. They were of the same year. However, ZhaoYun was the elder by four months and so ZhaoFan made his bow as younger brother. The two men, having so many things in common, were very pleased with each other and seemed fitted to be close friends.

In the evening, the feast broke up and the surrendered prefect returned to his dwelling. The next day, he requested ZhaoYun to enter the city, where, after he had assured the people of their safety, ZhaoYun went to a banquet at the yamen. When they had become mellow with wine, the prefect invited ZhaoYun into the inner quarters, where wine was again served. When ZhaoYun was a little intoxicated, his host bade a woman come forth and offer a cup of wine to the guest. The woman was dressed entirely in white silk and her beauty was such as to overthrow cities and ruin states.

31 조운은 크게 기뻐하며 서로 나이를 따졌다. 두 사람이 나이는 같으나 조운의 생일이 넉 달 빨라 조범이 아우의 예를 갖추어 절을 올렸다. 두 사람은 고향 사람으로 나눌 수 있는 점이 무척 많아 친해져서 아주 잘 어울리는 것 같았다.

저녁이 되어 연회가 끝나자 조범은 성으로 돌아갔다. 이튿날 조범은 조운을 성으로 초대했고 조운은 성에 들어가 백성들을 안정시킨 뒤 아문의 연회장으로 갔다. 술기운이 오르자 조범은 조운을 안채로 안내해 다시 술을 대접했다. 조운에게 취기가 오르자 조범이 한 여인을 불러내 조운에게 술을 따르게 했다. 여인은 온통 하얀 비단옷을 입고 있었는데 그 아름다움이 과연 경국지색(傾國之色)이라 할만했다.

---

31 **be the elder by A** A만큼 나이가 많다 **assure A of B** A에게 B를 보증하다 **become mellow with wine** 술이 취해 부드러워지다 **overthrow cities and ruin states** 도시를 전복시키고 나라를 멸망시키다

"Who is she?" asked ZhaoYun.

"My sister-in-law; her maiden name was Fan."

ZhaoYun at once changed his look and treated her with deference. When she had offered the cup, the host told her to be seated and join the party but ZhaoYun declined this addition to the evening and the lady withdrew.

"Why did you trouble your sister-in-law to present wine to me, brother?" asked ZhaoYun.

"There is a reason," said the host smiling. "I pray you let me tell you. My brother died three years ago and left her a widow. But this can't be regarded as the end of the story. I have often advised her to marry again, but she said she would only do so if three conditions were satisfied in one man's person. The suitor must be famous for literary grace and warlike exploits, secondly, handsome and highly esteemed and, thirdly, of the same name as our own. Now where in all the world was such a combination likely to be found? Yet here you are, brother, dignified, handsome and prepossessing, a man whose name is known all over the wide world and of the desired name. You exactly fulfill my sister's ambitions. If you don't find her too ugly, I would like her to marry you and I will provide a dowry. What do you think of such an alliance, such a bond of relationship?"

32 "이 여인은 누구인가?" 조운이 물었다.

"제 형수로 번 씨라 합니다."

조운은 즉시 낯빛을 고치고 그녀를 예의로 대했다. 여인이 술을 따르고 나니 조범이 그녀에게 자리에 앉아 함께 하자고 말했다. 그러나 조운이 저녁 술상에 그녀가 합석하는 것을 거절하여 여인은 물러났다.

"아우는 어찌하여 형수께 술을 따르게 했나?" 조운이 물었다.

"그럴 만한 이유가 있습니다." 조범이 웃으며 말했다. "형님께서는 제 말씀을 들어보시기 바랍니다. 제 형이 3년 전에 돌아가셔서 형수가 홀몸이 되었습니다. 하지만 형수를 과부로 놔둘 수가 없었습니다. 제가 자주 형수에게 개가를 권했으나 형수는 세 가지 조건을 충족하는 남자가 아니면 개가하지 않겠다고 말했습니다. 남편감은 첫째로 문무에 모두 출중하여 그 이름이 높아야 하고, 둘째로 용모가 뛰어나고 높은 존경을 받아야 하며, 셋째로 친형과 같은 성 씨여야 한다는 것이었습니다. 세상에 이처럼 딱 들어맞는 경우가 어디에 있겠습니까? 조운 형님은 미남으로 고귀하고 당당한 용모에, 그 명성은 천하에 자자하며, 성도 조 씨이니 형수가 바라던 바와 딱 들어맞습니다. 형수가 못생겼다는 생각이 들지 않으시면, 형님께 시집을 보내고 지참금도 마련하겠습니다. 이렇게 인척관계를 맺는 게 어떻습니까?"

32 **deference** 존경, 경의 **widow** 과부 cf. **widower** 홀아비 **suitor** 구혼자 **famous for literary grace and warlike exploits** 문무를 모두 갖추어 유명한 cf. **warlike exploit** 무공, 전쟁에서 세운 공 **highly esteemed** 높이 존경되는 **combination** 조합, 배합 **dignified** 당당한, 고귀한, 품위 있는 **prepossessing** 인상이 좋은, 매력 있는 **fulfill A's ambitions** A의 야망을 충족하다 **dowry** (신부의) 지참금, 혼수 **alliance** 결혼, 인척 관계; 연합, 동맹

But ZhaoYun rose in anger, shouting, "As I have just sworn brotherhood with you, isn't your sister-in-law my sister-inlaw? How could you think of bringing such confusion into the relationship?"

Shame suffused ZhaoFan's face and he said, "I only thought of being kind to you; why are you so very rude to me?"

He looked right and left to his attendants with murder in his eye. ZhaoYun raised his fist and knocked him down. Then he strode out of the place, mounted and rode out of the city.

ZhaoFan at once called in his two fighting men. ChenYing said, "He has gone away in a rage, which means that we will have to fight him."

"I greatly fear you will lose," said ZhaoFan.

"We will pretend to be deserters," said BaoLong, "and so get among his men. When you challenge him, we will suddenly catch him."

"We will have to take some others with us," said ChenYing.

"Half a thousand will be ample," said BaoLong.

So in the night, the two men and their followers ran over to ZhaoYun's camp to desert.

33 그러나 조운은 화를 내며 자리에서 일어나 소리쳤다. "내가 너와 결의형제를 맺었으니 너의 형수는 곧 나의 형수이지 않느냐? 어떻게 인륜을 어지럽히는 이런 짓을 생각할 수 있느냐?"

조범은 얼굴 가득 부끄러운 빛을 띠며 말했다. "나는 그저 좋은 뜻으로 그런 건데 어찌 이렇게 무례하시오?"

조범이 좌우의 부하들에게 눈짓을 하는데 눈에 살의가 가득했다. 조운은 주먹을 휘둘러 조범을 때려눕히고 태수부를 성큼성큼 걸어나와 말에 올라 성을 빠져나왔다.

34 조범은 즉시 진응과 포륭을 불렀다. 진응이 말했다. "조운이 화를 내고 갔으니 맞서 싸울 수밖에 없습니다."

"그대가 질까 두렵네." 조범이 말했다.

"우리가 조운에게 거짓으로 항복하는 체 하겠습니다." 포륭이 말했다. "그래서 조운의 무리에 섞였다가 태수께서 조운을 치실 때 별안간 사로잡겠습니다."

"병사들을 조금 데려가야 할 것이오." 진응이 말했다.

"500이면 충분할 것이오." 포륭이 대답했다.

이리하여 어둠을 틈타 두 사람은 부하들을 거느리고 조운의 영채로 건너가 항복했다.

---

33 **bring such confusion into A** A에 혼란을 초래하다 **suffuse A** A를 뒤덮다 **stride out of A** 성큼성큼 걸어 A를 벗어나다 cf. stride-strode-stridden

Chapter 52 209

ZhaoYun understood the trick they would play, but he called them in and they said, "When ZhaoFan tempted you with that fair lady, he wanted to make you drunk and get you into the private apartments so that he might murder you and send your head to CaoCao. Yes; he was as wicked as that even. We saw you go away in anger and we thought that would mean grave trouble for us and so we have deserted."

ZhaoYun listened with simulated joy, and he had wine served to the two men, and pressed them to drink so that they were quite overcome. When this was done, he had both bound with cords, called up their followers and asked them whether this was real or pretended desertion and they told him the truth. Then he gave the soldiers wine and said, "Those who wanted to harm me are your leaders and not you. If you do as I tell you, you will be well rewarded."

The soldiers threw themselves to the ground and promised obedience. Thereupon the two leaders were beheaded. The half a thousand were made to lead the way and act as screen for a whole thousand of horsemen led by ZhaoYun and that night, the party set out at full speed for GuiYang.

When they got there, they summoned the gate and said, "We slew ZhaoYun and got back. We wish to speak with the prefect."

35　조운은 이들이 거짓으로 항복한다는 것을 눈치챘으나 영채 안으로 불러들였다. 진응과 포륭이 말했다. "조범이 미인으로 장군을 유혹했을 때, 사실은 장군을 취하게 하여 내실로 끌어들인 후에 죽여 머리를 조조에게 바칠 생각이었습니다. 그는 그 정도로 사악한 자입니다. 저희는 장군이 성을 내며 가시는 것을 보고 저희에게 큰 화가 미칠 것이라 생각하여 이렇게 투항하게 됐습니다."

　　36　조운이 기뻐하는 척하며 이야기를 들어주고 두 사람에게 잔치를 베풀어 주는데 계속 술을 권해 취해 인사불성이 되도록 만들었다. 조운은 정신을 잃은 두 사람을 밧줄로 꽁꽁 묶은 후 따라온 병사들을 불러 둘의 항복이 진짜인지 거짓인지를 물었다. 병사들이 사실대로 대답하자 조운은 병사들에게 술을 내리고 말했다. "나를 해치려던 것은 이 두 놈들이지 너희들이 아니다. 너희들은 내 말대로만 하면 후한 상을 내리겠다."

　　37　병사들이 땅에 엎드려 복종을 약속하자 조운은 진응과 포륭의 목을 잘랐다. 500의 군사들은 선두에 서서 조운이 이끄는 1000 기병대가 보이지 않게 막아주는 역할을 하게 되었다. 그날 밤 1500의 군사들은 전속력으로 계양으로 향했다.

　　계양에 도착하자 군사들이 성문 보초병들을 불러 말했다. "조운을 죽이고 돌아왔소. 태수를 뵙고 말씀드리고 싶소."

36 simulated joy 가장된 기쁨

37 promise obedience 복종을 약속하다 screen 가리개, 차폐물, 방호물 summon the gate 문을 열라고 외치다

Those on the wall lit flares and inspected those at the gate. Surely enough they wore the uniforms of their own people and ZhaoFan went out to them. He was immediately seized and made prisoner. Then ZhaoYun entered the city, restored order and sent off swift messengers to LiuBei, who at once, with his adviser, came to GuiYang.

When they had taken their seats, the surrendered prefect was brought in and placed at the foot of the steps. In response to ZhuGeLiang's questions, he related the history of the proposed marriage.

38 성벽에 있던 병사들이 횃불을 밝혀 성문 밖에 있던 병사들을 살펴보았다. 자기네들과 똑같은 갑옷을 입고 있는 것을 확인한 조범이 이들을 맞이하기 위해 밖으로 나갔다. 조범은 즉각 사로잡혀 포로가 되었다. 조운이 성으로 들어가 질서를 회복하고 빠른 전령을 유비에게 보내자 유비는 즉시 제갈량과 함께 계양으로 왔다.

유비와 제갈량이 자리를 잡고 앉자 조범이 섬돌 아래로 끌려왔다. 제갈량의 질문으로 조범은 형수를 시집보내려던 이야기를 했다.

38 **inspect A** A를 조사[점검]하다 **in response to A** A에 대한 대답으로

ZhuGeLiang said to ZhaoYun, "But this seems a fine project; why did you receive the proposal so roughly?"

"ZhaoFan and I had just sworn brotherhood and so marriage with his sister-in-law would have called down on my head universal blame. That is one reason. Another is that I would have made his sister fail to keep her dutiful chastity. And thirdly I did not know whether I might trust such a proposal from one who had just yielded to force. The position of my lord as a recent victor is not yet stable and could I risk the failure of his plans for the sake of a woman?"

"But now that the plan has been carried out and we are victors, would you care to marry her?" asked LiuBei.

"There are plenty of women in the world. All my fear is for my reputation. What is a family to me?"

"You are indeed right honorable," said LiuBei.

ZhaoFan was released and restored to the prefectorate. ZhaoYun was conspicuously rewarded.

제갈량이 조운에게 말했다. "이는 좋은 일인데 왜 그렇게 조범의 제안을 매몰차게 해석했소?"

"내가 조범과 결의형제를 맺었는데 그의 형수와 결혼하게 되면 천하 사람들이 나를 욕할 것이니 이것이 첫째 이유요. 둘째 이유는 나로 인해 여인이 절개를 지키지 못하게 된다는 것이오. 셋째로는 항복한지 얼마 되지도 않은 사람이 해온 그런 제안을 믿어도 되는지 확신할 수 없었소. 주공께서 최근에 승리를 거두셨으나 위험이 여전한데 내가 여자 하나 때문에 주공의 계획을 그르칠 위험을 무릅써서야 되겠소?"

"하지만 이제 계획이 성사되어 우리가 이겼으니 자룡은 그녀에게 장가를 들겠소?" 유비가 물었다.

"세상에 널린 게 여자입니다. 제가 염려하는 것은 제 이름에 먹칠을 할까 하는 것이니 가족을 이루는 게 무슨 의미가 있겠습니까?"

"자룡은 참으로 대장부요." 유비가 감탄했다.

조범은 풀려나 태수직에 복귀되었고 조운은 후한 상을 받았다.

---

39 call down on A universal blame A에 갖은 비난을 불러오다 **keep one's dutiful chastity** (여자가) 정조를 지키다 **now (that) ~** ~때문에, ~이니, ~인데(=because, as a result of ~) **prefectorate** 태수의 자리 **conspicuously** 두드러지게, 눈에 뜨이게, 현저하게

But ZhangFei was angry and disappointed. "So ZiLong gets all the praise and I am worth nothing," cried he. "Just give me three thousand and I will take WuLing and bring you the prefect."

This pleased ZhuGeLiang, who said, "There is no reason why you should not go, but I will only require one condition of you."

Wondrous, the plans of the general, so does he conquer in battle;
Soldiers keenly competing gain renown in the fighting.

The condition that ZhuGeLiang made will appear in the next chapter.

■40 그러나 장비가 실망하여 분개했다. "그래 자룡만 칭찬을 받고 나는 쓸모없다 이거요?" 장비가 소리쳤다. "나에게 군사 3000만 주면 무릉을 점령하고 태수를 사로잡아 바치겠소."

제갈량이 기뻐하며 대답했다. "익덕이 가지 못할 이유가 무엇이겠소? 다만 한 가지 조건을 들어줘야 하오."

공명의 계책이 기묘하니 싸움에서 이기는구나
장수들 경쟁이 치열하니 싸움에서 명성얻누나

제갈량은 어떤 조건을 걸까?

■40 **wondrous** 기묘한, 놀라운 **gain renown** 명성을 얻다

GuanYu, From a Sense of Righteousness, Releases HuangZhong
SunQuan Fights a Great Battle With ZhangLiao

01 What ZhuGeLiang required from ZhangFei was a formal recognition of responsibility for success. He said, "When ZiLong went on his expedition, he gave written guarantee of being responsible for success and you ought to do the same now that you are starting for WuLing. In that case, you may have men and start."

So ZhangFei gave the required document and received joyfully the three thousand soldiers he had demanded. He set out at once and travelled without rest till he reached WuLing.

관우는 의리로 황충을 놓아주고
손권은 장료와 한바탕 대결하다

■01 제갈량이 장비에게 요구한 것은 책임지고 성공하겠다는 공식적 확인이었다. 제갈량이 말했다. "자룡이 떠날 때 책임지고 성공하겠다는 서약서를 썼으니 익덕도 무릉을 치러 간다면 똑같이 해야 하오. 그렇게 한다면 군사를 얻어 출발해도 좋소."

이리하여 장비는 서약서를 쓰고 기뻐하며 3000의 군사를 받았다. 장비는 즉각 출병하여 쉬지 않고 행군해 무릉에 도착했다.

■01 **recognition of responsibility** 책임의 인식 **now (that) ~** ~때문에, ~이니, ~인데(=because, as a result of ~)

When the Prefect of WuLing, JinXuan by name, heard that an expedition against him was afoot, he mustered his officers and recruited brave soldiers and put his weapons in order ready for the struggle. And his army was about to move out of the city.

Officer GongZhi remonstrated with his chief for opposing a scion of the imperial house, saying, "LiuXuanDe is of the Hans, and recognized as an uncle of the Emperor. All the world knows he is kindly and righteous. Added to that, his brother ZhangFei is extraordinarily bold. We can't face them in battle with hope of success. Our best course is to give in."

But his master angrily replied, "Do you want to play the traitor and take the side of the rebels and help them?"

He called in the lictors and told them to put GongZhi to death. The other officers interceded for him, saying, "It augers ill to start an expedition by slaying your own men."

So the prefect merely sent GongZhi away. He himself led the army out of the city. After marching twenty *li* (8 km), he met with ZhangFei's army.

■ 02　　무릉태수 김선(金旋)은 적군이 쳐들어온다는 소식을 듣고 관원들을 모으고 용감한 병사들을 모집한 후 싸움에 대비해 무기를 정비하고는 막 성 밖으로 나가려고 했다.

　　종사 공지(鞏志)가 황족의 일원과 싸우려는 태수를 말리며 말했다. "유현덕은 한황실의 일족이며 황제의 숙부인 황숙으로 정식 인정을 받았습니다. 그가 자비롭고 의로운 사람임은 천하가 다 압니다. 게다가 그의 동생 장비는 용맹이 타의 추종을 불허하니 이들과 맞서서는 이길 가망이 없습니다. 항복하는 게 최상입니다."

■ 03　　그러나 김선이 화를 내며 대답했다. "너는 반역자 노릇을 해서 도적의 편을 들어 돕겠다는 것이냐?"

　　김선이 도부수들을 들어오게 해 공지를 끌어내 목을 치라 명했다. 다른 관원들이 말리며 말했다. "싸움이 벌어지기도 전에 우리편을 죽이는 것은 불길합니다."

　　그래서 김선은 공지를 내쫓는 것으로 그쳤다. 김선은 직접 군사를 이끌고 성을 빠져나갔다. 20리(8 km)를 진격한 끝에 김선은 장비의 군사와 맞닥뜨렸다.

■ 02　**give in** 굴복하다

■ 03　**it augurs ill to V** V하는 것은 불길하다: it은 가주어, to V가 진주어

ZhangFei at once rode to the front, his spear ready to thrust, and opened with a shout. JinXuan turned to his officers and asked who would go out to fight him, but no one replied; they were too afraid.

So the prefect himself galloped out, flourishing his sword. Seeing him advance, ZhangFei shouted in a voice of thunder. Poor JinXuan was seized with panic, turned pale and couldn't go on. He turned his steed and fled. Then ZhangFei and his army went in pursuit and smote the fugitives, chasing them to the city wall.

Here the fugitives were greeted by a flight of arrows from their own wall. Greatly frightened, JinXuan looked up to see what this meant and there was GongZhi who had opposed him, standing on the wall.

"You brought defeat upon yourself because you opposed the will of God," cried the traitor. "I and the people with me are determined to yield to LiuXuanDe."

Just as he finished speaking, an arrow wounded JinXuan in the face and he fell to the ground. Thereupon his own men cut off his head, which they forthwith presented to ZhangFei. GongZhi then went out and made formal submission and ZhangFei bade him take his letter and the seal to GuiYang to LiuBei, who was pleased to hear of ZhangFei's success and gave the prefectship to GongZhi. Soon after, LiuBei came in person and soothed the people.

■ 04   장비는 즉각 창을 꼬나쥐고 대열의 앞으로 말을 몰아나와 호통을 쳤다. 김선이 장수들을 돌아보며 누가 나가 싸울 것인지 물었으나 아무도 대답하지 못했다. 모두들 장비를 두려워했던 것이다.

그래서 김선은 칼을 휘두르며 직접 말을 몰아 내달렸다. 김선이 달려드는 것을 본 장비가 벽력같은 고함을 내지르자 불쌍한 김선은 공포에 사로잡혀 얼굴이 백짓장처럼 하얘지면서 더 이상 진격할 수 없었다. 말머리를 돌린 김선이 달아나자 장비와 군사들이 추격에 나서 달아나는 김선의 군사들을 무찌르며 성벽까지 뒤쫓았다.

■ 05   도망치던 김선의 군사들이 성벽에 이르자 화살이 빗발치듯 쏟아져 내렸다. 크게 놀란 김선이 성벽을 올려다보자 싸움에 반대했던 공지가 성벽에 서 있었다.

"네가 천시(天時)에 따르지 않아 패배를 자초한 것이다." 공지가 소리쳤다. "나와 백성들은 유현덕에게 항복하기로 했다."

■ 06   공지가 말을 마치자마자 화살 하나가 김선의 얼굴에 꽂혀 김선은 말 아래로 굴러떨어졌다. 그러자 김선의 군사들이 달려들어 그의 머리를 잘라 장비에게 바쳤다. 공지는 성 밖으로 나가 정식으로 항복했고 장비는 공지에게 항복 문서와 관인을 계양에 있는 유비에게 가져가 바치게 했다. 장비의 성공 소식을 들은 유비는 기뻐하면서 공지를 무릉태수로 임명했다. 곧 유비는 직접 무릉을 찾아가 백성들을 안심시켰다.

■ 06 **bid A to take B and C to D to E** A에게 명해 B와 C를 가지고 D로 가서 E에게 전하게 하다

This done, he wrote to his other brother, telling him ZhangFei and ZhaoYun had gained a commandery each. GuanYu at once wrote back and said, "ChangSha is yet to be taken and if I am not thought too feeble, I would like to be sent to attack it."

LiuBei agreed and sent ZhangFei to relieve his brother, whom he ordered to return and prepare for an exedition to ChangSha. GuanYu came and went in to see his elder brother and ZhuGeLiang.

At this interview, ZhuGeLiang said, "ZiLong and YiDe have done their work with three thousand troops. The Prefect of ChangSha, HanXuan, is not worth mentioning, but there is a certain general with him, named HuangZhong, who has to be reckoned with. HuangZhong, styled HanSheng, is a native of NanYang. He used to be in the service of LiuJingSheng and was a colleague of LiuPan, a nephew of LiuJingSheng, when he was in command of ChangSha. After LiuJingSheng's death, he joined HanXuan when he took command of the commandery. Now, although he is nearly sixty, he is a man to be feared and a warrior of a thousand. You ought to take a larger number of men."

07 다음으로 유비는 관우에게 편지를 써서 장비와 조운이 각각 군을 하나씩 얻었다는 소식을 전했다. 관우가 즉시 답장을 보내와 말했다. "아직 장사는 정복되지 않은 상태이니, 저에게 재주가 없다 생각되지 않으시면, 장사를 정벌할 수 있도록 해주시기 바랍니다."

유비는 관우의 뜻대로 하기로 하고 장비를 보내 관우와 교대하게 하는 한편 관우에게는 돌아와 장사에 대한 정벌을 준비하게 했다. 도착한 관우는 관청에 들어가 유비와 제갈량을 만났다.

08 제갈량이 말했다. "자룡과 익덕은 3000의 군사로 계양과 무릉을 얻었소. 장사 태수 한현(韓玄)은 언급할 가치도 없는 자이지만, 그의 수하에 있는 황충(黃忠)이란 장군은 짚고 넘어가야 하오. 황충은 자가 한승(漢升)인데 남양 사람이오. 유경승 휘하에 있었으며 유경승의 조카 유반(劉磐)과 함께 장사를 지켰소. 유경승이 돌아가신 후 한현이 장사를 차지하자 한현을 섬겼소. 황충은 현재 나이가 60이 넘었지만 1000명이라도 상대할 수 있는 장수이니 조심해야 하오. 운장은 군사를 더 많이 데려가셔야 하오."

---

07 feeble 허약한 relieve (당번과) 교대하다　　**08** be not worth mentioning 언급할 가치가 없다 reckon with 고려하다; 미리 생각해두다

GuanYu replied, "Instructor General, what makes you damp another man's ardor to fight and do away with your own dignity? I don't think the old leader need be discussed and I don't think I require three thousand men. Let me take my own half a thousand swordsmen and I will have the heads of both our enemies to sacrifice to our standard."

LiuBei resisted this decision of GuanYu, but GuanYu would not give way. He just took his half a thousand swordsmen and set out.

"If he is not careful how he attacks HuangZhong, there will be a mishap," said ZhuGeLiang. "You must go to support him."

LiuBei accordingly, at the head of another and larger party, set out toward ChangSha.

The Prefect of ChangSha was of hasty temperament with small compunction in matters of life and death and was universally hated. When he heard of the army coming against him, he called his veteran leader, HuangZhong, to ask advice. The latter said, "Don't be distressed; this sword of mine and my bow are equal to the slaughter of all who may come."

HuangZhong had been very strong and could bend the two hundred catty (120 kg) bow and was a perfect archer. When he referred to his one-time prowess, a certain man spoke up and said, "Let not the old General go out to battle. Trust to my right arm and you will have this GuanYu a prisoner in your hands."

09 관우가 대답했다. "군사는 무엇 때문에 남의 사기를 꺾고 스스로의 위엄을 파묻으시는 게요? 그 늙은 장수는 입에 담을 나위도 없을뿐더러 나는 3000의 군사도 필요 없소. 내가 거느리는 500의 칼잡이만 데려가겠소. 그래서 한현과 황충의 목을 잘라 우리 깃발에 제물로 삼겠소."

유비가 관우를 말렸으나 관우는 뜻을 굽히지 않았다. 관우는 자신이 거느리는 500의 칼잡이들만 거느리고 출발했다.

10 "운장이 황충을 우습게 본다면 불행한 일이 벌어질지도 모릅니다." 제갈량이 말했다. "주공께서 직접 가셔서 운장을 뒷받침해주십시오."

유비는 제갈량의 말에 따라 더 많은 군사를 이끌고 장사를 향해 떠났다.

11 장사태수 한현은 성미가 급하고 걸핏하면 사람을 죽이고도 뉘우치지 않아 모두들 싫어했다. 관우가 군사를 이끌고 온다는 소식을 들은 한현은 수하 최고의 명장 황충을 불러 조언을 구했다. 황충이 대답했다. "걱정하지 마십시오. 내 칼과 활만 있으면 지금 오는 적들을 다 죽일 수 있습니다."

황충은 힘이 장사여서 200근(120 kg)의 힘으로 당겨야 하는 활을 구부릴 수 있었으며 백발백중의 명궁수이기도 했다. 그가 이렇게 왕년의 실력을 언급할 때 한 장수가 목청을 높여 말했다. "노장군께서는 싸움에 나가실 것 없습니다. 제 오른팔만 믿으십시오. 관우를 사로잡아 바치겠습니다."

---

09 damp A's ardor to V V하려는 A의 사기를 꺾다　do away with A A를 버리다[제거하다]　resist A A에 저항하다[반대하다]　give way 굴복하다

10 mishap 불운

11 be of hasty temperament 성질이 급하다　compunction 양심의 가책, 뉘우침　prowess 역량, 용기　trust to A A에 의지하다[맡기다]

12 The speaker was Commandant YangLing. The prefect accepted his offer and ordered a thousand troops to go with him and they quickly rode out of the city. About fifty *li* (20 km) from the city, they observed a great cloud of dust approaching and soon distinguished the invaders. YangLing set his spear and rode to the front to abuse and fight. GuanYu made no reply to the abuse, but rode forward, flourishing his sword. The warriors soon met and in the third encounter, YangLing was cut down. GuanYu's company dashed forward and pursued the defeated force to the city wall.

13 When the prefect heard of this reverse, he ordered the veteran HuangZhong to go out while he went up on the city wall to watch the fight.

HuangZhong took his sword and crossed the drawbridge at the head of his men of five hundred. GuanYu, seeing an old leader riding out, knew it must be HuangZhong. He halted his men and placed them in a single line. Then sitting there on horseback, he said, "He who comes is surely HuangZhong, eh?"

"Since you know me, how dare you come within my boundaries?" replied the veteran.

"I have come expressly to get your head."

■12 그 장수는 교위 양령(楊齡)이었다. 제안을 받아들인 한현이 1000의 군사를 내주어 양령은 나는 듯이 성을 빠져나갔다. 50리(20 km) 가량을 나아가자 거대한 먼지구름이 접근하는 것이 보이더니 곧 적들이 나타났다. 양령은 창을 꼬나들고 대열의 선두에 나서 욕설을 퍼부으며 싸움을 걸었다. 관우는 아무런 대꾸도 없이 곧장 청룡도를 휘두르며 달려들었다. 두 장수가 맞붙은지 3합만에 양령은 목이 달아났다. 관우의 군사들은 물밀 듯 휘몰아쳐 패배한 적군을 성벽까지 뒤쫓았다.

■13 패전 소식을 듣게 된 한현은 황충에게 나가 싸우라 명하고 자신은 싸움을 살펴보기 위해 성벽에 올랐다.

황충은 칼을 들고 500군사의 선두에 서서 가동교를 건넜다. 노장이 말을 몰아오는 것을 본 관우는 황충이 틀림없다는 것을 알았다. 관우는 칼잡이들을 멈춰 한 줄로 늘여세웠다. 그리고 말에 꼿꼿이 앉아 말했다. "거기 오는 장수가 황충인가?"

"나를 이미 알면서 어찌 감히 우리 경계를 침범하느냐?" 황충이 대답했다.

"내가 특별히 네 머리를 가지러 왔다."

■13 **reverse** 패배, 실패 **expressly** 일부러, 특별히

Chapter 53

HuangZhong, in a rage, galloped forward, whirling his sword and the combat began. They fought a hundred and more bouts and neither seemed nearer victory. At this point, the prefect, fearing some mishap to his veteran general, beat the gong to retreat and the battle ceased, one side going into the city and the other camping ten *li* (4 km) away to the rear.

GuanYu thought in his heart that the fame of the veteran opposed to him was well merited. He had fought a hundred bouts and discovered never a weak spot. He determined that in the next encounter, he would use a feint and so overcome the veteran.

The next day, the early meal eaten, GuanYu came to the city wall and offered his challenge. The prefect seated himself on the city wall and bade his veteran warrior go out to accept it and, at the head of five hundred horsemen, HuangZhong dashed across the drawbridge. The two champions engaged and at the end of half a hundred bouts neither had the advantage. On both sides the soldiers cheered lustily.

▓14 　황충이 노하여 칼을 휘두르며 달려들어 싸움이 시작되었다. 두 장수가 100합 이상을 싸우는데 어느 쪽도 기울지 않는 팽팽한 접전을 펼쳤다. 이때 한현은 황충이 실수라도 할까 두려워 퇴각을 알리는 징을 울렸다. 전투는 끝나고 황충은 성으로, 관우는 뒤쪽으로 10리(4 km)를 물러나 영채를 세웠다.

　관우는 노장의 명성이 헛되지 않다고 생각했다. 100합을 싸웠는데도 전혀 헛점이 보이지 않았던 것이다. 관우는 다음 싸움에서는 계략을 써서 황충을 굴복시킬 결심을 했다.

▓15 　이튿날 아침을 일찍 먹고 관우가 성벽까지 와서 싸움을 걸었다. 한현은 성벽에 자리하고 앉아 황충에게 나가 싸우라 명령했다. 500기 기병의 선두에 선 황충이 가동교를 가로질러 질주해나왔다. 두 장수가 어울려 싸우는 데 50합이 지나도록 승부가 나지 않았다. 양쪽의 병사들이 우레와 같은 갈채를 보냈다.

▓14 **be well merited** 훌륭한 가치가 있다　　▓15 **cheer lustily** 아낌 없이 갈채를 보내다

Chapter 53

16 When the drums were beating most furiously, suddenly GuanYu wheeled round his horse and fled. Of course HuangZhong followed. Just as the moment for the feint arrived, GuanYu heard behind him a tremendous crash and turned to see his pursuer lying prone upon the ground. His steed had stumbled and thrown him. GuanYu turned, raised his sword in both hands, and cried in a fierce tone, "I spare your life, but be quick! Get another horse and come again to battle!"

17 HuangZhong pulled his horse to its feet hastily, leapt upon its back and went into the city. The prefect was astonished and asked for an account of the accident. "The horse is too old," replied HuangZhong.

"Why didn't you shoot since your archery is so perfect?" asked the prefect.

"I will try again tomorrow," said HuangZhong. "Then I will run away as if overcome and so tempt him to the drawbridge and then shoot him."

The prefect gave the veteran a grey horse that he usually rode himself; HuangZhong thanked him and retired.

16 　북소리가 맹렬하게 울리는데 별안간 관우가 말머리를 돌리더니 달아났다. 황충이 당연히 쫓아왔다. 관우가 막 계략을 쓰려는 찰나 쿵 하고 뭔가 엄청난 게 떨어지는 소리가 들렸다. 몸을 돌려 바라보니 황충이 땅바닥에 엎어져 있었다. 황충의 말이 돌부리에 걸려 넘어지며 황충을 땅바닥에 내동댕이친 것이었다. 뒤돌아선 관우가 청룡도를 양손으로 치켜들고 날카로운 목소리로 외쳤다. "네 목숨은 잠시 살려두마. 서둘러 다른 말을 타고 다시 나오너라!"

17 　황충은 급히 말을 다시 일으켜 세워 등에 올라타고 성으로 돌아왔다. 한현이 깜짝 놀라 어찌된 일인지 물었다. "말이 너무 늙었습니다." 황충이 대답했다.

"자네의 활솜씨가 백발백중인데 어찌하여 화살을 쏘지 않았나?" 한현이 물었다.

"내일 다시 싸울 것입니다." 황충이 말했다. "그때 진 척하고 물러나 가동교까지 관우를 유인하여 화살을 쏘겠습니다."

한현이 평상시 자기가 타던 회색말을 황충에게 내주었다. 황충은 감사를 표하고 물러났다.

---

16 **lie prone upon A** A에 엎드려 있다 cf. lie-lay-lain, lying

17 **run away as if overcome** 패한 것처럼 달아나다

But he couldn't forget GuanYu's generous conduct, nor could he understand it. He couldn't make up his mind to shoot the man who had spared his life. Yet if he did not shoot, he betrayed his duty as a soldier. It was very perplexing and the whole night spent in thinking it over found him still undecided.

At daybreak, a man came in, saying that GuanYu was near the wall and challenging them again. So HuangZhong gave orders to go out.

Now GuanYu, having fought for two days and not having overcome HuangZhong, was very ill at ease. So he called up all his dignity when he went forth to fight that day. When they had got to the thirtieth bout, HuangZhong fled as if he was overcome. GuanYu pursued.

As he rode away, HuangZhong thought in his heart, "He spared me only yesterday and I can't bear to shoot him today." Sheathing his sword, he took his bow and twanged the string only; no arrow flew. GuanYu dodged, but seeing no arrow in the air, he retook the pursuit. Again HuangZhong twanged an arrowless bowstring and again GuanYu dodged, but no arrow came. Then GuanYu said to himself, "He can't shoot," and pressed on in pursuit.

18 　그러나 황충은 관우가 관용을 베풀어 자신을 죽이지 않은 것을 잊을 수 없었고 납득도 되지 않았다. 황충은 자신을 살려준 사람에게 화살을 쏠 지 여부를 결정할 수 없었다. 하지만 그가 화살을 쏘지 않는다면 장수로서의 의무를 저버리는 일이었다. 매우 혼란스러워진 황충은 밤새도록 고민하며 뒤척였으나 여전히 결단을 내리지 못했다.

　날이 밝자 병사가 달려와 관우가 성벽에 접근해 싸움을 걸고 있다고 알려왔다. 황충은 군사들에게 출격하라는 명령을 내렸다.

19 　이때 관우는 이틀이나 싸움을 벌였으면서도 황충을 꺾지 못해 매우 조바심이 나 있었다. 그래서 그날 모든 위풍을 다 떨치며 싸우러 나섰다. 두 장수가 30합을 싸웠을 때 황충이 진 척하고 달아나자 관우가 쫓아왔.

　달아나면서 황충이 속으로 생각했다. '관우가 바로 어제 나를 살려줬는데 내가 오늘 그에게 화살을 쏠 수는 없다.' 칼을 치운 황충은 활을 들어 화살을 날려보내지는 않고 시위만 튕겼다. 관우가 몸을 젖혀 피했으나 화살이 날아오지 않은 것을 보고 다시 추격에 나섰다. 다시 황충이 화살 없이 시위만 튕겼고 관우도 몸을 돌려 피했으나 역시 화살은 날아오지 않았다. 황충이 화살을 쏠 줄 모른다고 생각한 관우가 바짝 추격해왔다.

18 **make up one's mind** 마음을 먹다, 결심하다　**perplexing** 헷갈리는, 당혹스러운　**the whole night spent in ~ing found A still B** ~하느라 지새운 밤은 A가 여전히 B인 것을 발견하다, 즉 A가 ~하느라 꼬박 밤을 지새웠으나 여전히 B였다

19 **be ill at ease** 불안하다　**sheathe A** A를 칼집에 넣다　**dodge** (공격 등을 피하기 위해) 재빨리 몸을 비키다

Chapter 53

▎20　As HuangZhong neared the city wall, he stopped on the drawbridge, fitted an arrow, pulled the bow and sent an arrow flying that just hit the base of the plume on GuanYu's helmet.

The soldiers shouted at the display of marksmanship. GuanYu was taken aback and set off for camp with the arrow still sticking. Then he heard that HuangZhong's skill was said to be equal to that of legendary archer YangYouJi* who pierced a willow leaf at a hundred paces and he understood that he owed this warning in the shape of an arrow in his plume to gratitude for sparing the veteran the preceding day.

▎21　Both withdrew. But when the veteran leader went up on the wall to see the prefect, he was at once seized. "What have I done?" cried HuangZhong.

"I have seen these last three days that you were fooling me; you were slack the day before yesterday, which proved you had some sinister intention. Yesterday, when your horse stumbled and he spared you, it showed that you were in league with him. And today you twice twanged a vain bowstring, while at the third shot you only hit your opponent's helmet. Dare you say there is no secret understanding in all this? If I don't put you to death, it will assuredly redound to my own hurt."

20 성벽에 거의 이르자 황충이 가동교에 말을 세우더니 화살을 재어 활을 한껏 굽혔다가 화살을 날렸다. 화살은 관우의 투구에 달린 술의 뿌리에 정통으로 꽂혔다.

병사들이 엄청난 화살 솜씨에 탄성을 내질렀다. 관우는 흠칫 놀라 화살이 투구에 꽂힌 채로 영채로 물러났다. 그때서야 관우는 황충의 활솜씨가 100보 떨어진 거리에서 버들잎을 맞혔던 전설적인 활잡이 양유기*의 실력에 버금갈 정도라는 말을 들었다. 관우는 그 전날 자신이 황충을 살려준 은혜를 갚기 위해 황충이 화살을 투구의 술에 쏘아 경고만 한 것을 알게 됐다.

21 두 장수 모두 군사를 물렸다. 그러나 한현을 만나기 위해 성벽에 올라간 황충은 즉각 체포되었다. "내가 무슨 잘못을 했소이까?" 황충이 소리쳤다.

"지난 사흘 동안 지켜보니 네놈이 나를 속이더구나. 그저께는 힘을 다해 싸우지 않았으니 뭔가 나쁜 의도를 품고 있었다는 증거이다. 어제는 네놈의 말이 돌부리에 걸려 넘어졌는데 관우가 너를 죽이지 않았으니 너희 둘이 작당을 하고 있음을 보여준다. 오늘 네놈은 두 번이나 빈 활질을 해대더니 세 번째 화살로는 기껏 관우의 투구만 쏘았다. 이러고도 네놈이 관우와 은밀히 결탁하지 않았다고 감히 나불대겠느냐? 너를 죽이지 않으면 분명 나에게 해가 돌아올 것이다."

20 plume 깃털 (모양의 물건) marksmanship 궁술, 사격술 legendary archer 전설적인 궁수 pierce a willow leaf 버드나무 잎 하나를 꿰뚫다 owe A(this warning ~ plume) to B(gratitude ~ day) A를 B에 빚지다, A에 대하여 B에 신세를 지고 있다 preceding day 전날, 앞날 *YangYouJi 양유기: 명궁 양유기 관련 주석 참고(16장)

21 slack 굼뜬, 꾸물거리는 have some sinister intention 사악한 뜻이 있다 in league with A A와 결탁하여, 동맹하여 secret understanding 은밀한 합의[협정, 합의] redound to A A를 초래하나

Chapter 53   **237**

The prefect ordered him to be executed outside the city gate. The intercession of the officers he met by saying, "Anyone who pleads for the condemned will be regarded as in the plot."

The executioners had hustled the old man out of the city and the sword was in the air and on the point of descending, when a man suddenly dashed in, cut down the lictor and rescued HuangZhong.

"HuangHanSheng (HuangZhong) is our bulwark;" shouted he, "to destroy him is to destroy the ChangSha people. This HanXuan is too fierce and cruel, too lightly values good men and is too arrogant toward his officers. We ought rather to kill him, and those who will, let them follow me."

All eyes turned toward this bold speaker, who was bronzed and had eyes like the Cowherd's star*. Some of them knew him as WeiYan, a native of YiYang. He had followed LiuBei from XiangYang but, unable to catch up with him, had gone into the service of HanXuan. HanXuan took exception to his arrogant carriage and lack of polish and neglected him. And so he had come to this place.

22 한현은 황충을 성문 밖으로 끌어내 처형하라 명했다. 관원들이 말리자 한현이 대답했다. "황충을 두둔하는 자는 누구든지 함께 모의한 것으로 간주하겠다."

도부수들이 황충을 성 밖으로 끌어냈다. 칼이 허공으로 떠올라 막 떨어지려는 찰나 한 사람이 별안간 달려들더니 도부수를 베어 쓰러뜨리고 황충을 구했다.

23 "황한승(황충)은 우리의 보루이다." 그 사람이 소리쳤다. "황 장군을 죽이는 것은 장사의 백성들을 죽이는 것이다. 한현은 잔인하고 포악하여 어진 사람들을 가볍게 여기고 관원들을 업신여긴다. 차라리 한현을 죽여야 한다. 뜻을 같이 하는 자들은 나를 따르라!"

모두가 이 대담한 사람을 바라보니, 무르익은 대춧빛 얼굴에 견우성처럼 빛나는 눈*을 하고 있었다. 의양 사람 위연이었다. 위연은 양양에서 유비를 추종했으나 따라잡지 못해 한현에게 의탁했었다. 한현은 위연의 거만하고 무례한 태도를 싫어하여 중용하지 않는데 그래서 위연이 그 자리에 나타났던 것이다.

---

22 **the intercession of A B meet by ~ing** B는 A의 탄원에 ~하여 응하다: B meet the intercession of A by ~ing가 도치된 형태 **be regarded as in the plot** 계획에 가담한 것으로 간주되다 **be in the air** 허공에 붕 뜨다 **on the point of ~ing** 막 ~하려는 순간

23 **bulwark** 보루 **take exception to ~** ~에 대해 불평하다, 이의를 제기하다 **arrogant carriage** 거만한 태도[몸가짐] **lack of polish** 품위[세련]의 결핍 *eyes like the Cowherd's star 견우성처럼 빛나는 눈: 견우성은 독수리 자리 15개 별들 가운데 가장 밝은 별로 그 밝기는 태양의 9배이다.

Chapter 53

24 After the rescue of HuangZhong, he called upon the people to make an end of the prefect. He waved his arm and shouted to the people. Soon he had a following of several hundreds: HuangZhong could not stop them. In a very short time, WeiYan had dashed up on the wall and the prefect lay dead. Taking his head, WeiYan rode off out of the city to lay the bloodstained trophy at the feet of GuanYu, who forthwith went into the city to restore confidence.

When the people were all quiet, GuanYu sent to request HuangZhong to come to see him, but the old general pleaded illness. Next GuanYu sent the good news to his brother and to ZhuGeLiang and asked them to come.

25 Soon after GuanYu had left to capture ChangSha, LiuBei and ZhuGeLiang had followed him up with support in case of need. While on the march, a black flag was furled backwards and a crow flew over from north to south, croaking thrice as it passed.

"What good or evil things do these omens presage?" asked LiuBei.

With hands hidden within his long sleeves, ZhuGeLiang performed a rapid calculation on his fingers of the auspices and replied, "ChangSha is taken and a great leader mastered. We will know soon after noon."

■24 　황충을 구한 후 위연은 사람들에게 한현을 끝장내자고 소리쳤다. 위연이 팔을 휘두르며 사람들에게 소리치자 곧 수백 명이 위연에게 동조해 따라나섰다. 황충은 이들을 막을 수 없었다. 위연이 순식간에 성벽으로 달려 올라가자 한현은 어느새 목이 달아나 쓰러졌다. 한현의 머리를 자른 위연은 말을 타고 성 밖으로 나가 피가 범벅이 된 머리를 관우의 발 아래 바쳤다. 관우는 즉각 성으로 들어가 백성들을 안심시켰다.

　백성들의 흥분이 가라앉자 관우는 황충에게 만나자고 청했으나 황충은 병을 핑계로 나오지 않았다. 관우는 유비와 제갈량에게 승전보를 전하면서 올 것을 청했다.

■25 　관우가 장사를 정벌하러 떠난 뒤 곧바로 유비와 제갈량은 만일의 사태에 대비해 구원병력을 이끌고 관우를 뒤쫓았었다. 둘이 한참을 가는데 검은 기가 거꾸로 휘말리면서 까마귀 한 마리가 북쪽에서 날아와 세 번을 울더니 남쪽으로 사라졌다.

　"이게 좋은 징조요, 나쁜 징조요?" 유비가 물었다.

　긴 소매 자락 안에 감춰진 손가락으로 제갈량이 재빨리 길흉을 따져보더니 대답했다. "장사가 정복되었고 대장 하나도 굴복시켰습니다. 정오가 지나면 내막을 알게 될 것입니다."

■24 **bloodstained trophy** 피로 얼룩진 전리품 **plead illness** 병이 걸렸다고 변명[주장]하다

■25 **in case of A** A일 경우에 대비하여 **furl** (돛, 기 등을 돛대, 깃대 등에) 감다, 휘감다; 감기다, 휘감기다 **croak** (개구리, 까마귀 등이) 울다 **presage A** A를 예보하다, A의 전조가 되다 **perform a rapid calculation of the auspices** 길흉을 재빨리 계산하다 **master** ~을 굴복시키다

Sure enough a simple soldier presently came galloping along with the welcome tidings of the capture of the city and saying that the two city warriors, HuangZhong and WeiYan, also surrendered and GuanYu was waiting the arrival of LiuBei. Soon after they arrived, LiuBei entered the city, where he was greeted by GuanYu and escorted to the yamen. When he heard the recital of HuangZhong's deeds, LiuBei went in person to HuangZhong's house and inquired for him, whereupon HuangZhong came forth and yielded formally. The old veteran requested to be permitted to bury the remains of the late prefect on the east of the city.

Lofty as is heaven above earth was the spirit of the captain,
Who, even in his old age, suffered sorrows in the south;
Cheerfully had he approached death, with no thought of resentment,
But, bowing before the conqueror, he hung his head and was ashamed.
Praise the sword, gleaming snow-white, and the glory of super-human bravery,
Consider the mail-clad steed snuffing the wind and rejoicing in the battle,
That warrior's name will stand high and its brightness be undiminished,
While the cold moon sheds her light on the waters of Xiang and Tan.

▪26 과연 병사 하나가 곧 말을 달려와 장사를 차지했다는 희소식을 전하며 황충과 위연 두 장수 역시 항복했고 관우는 유비가 오기를 기다리고 있다고 말했다. 얼마 안 있어 장사에 도착한 유비는 성으로 들어가 관우의 영접을 받고 아문으로 안내되었다. 황충의 일을 전해 들은 유비는 직접 황충의 거처로 찾아가 만나기를 청했다. 그러자 황충이 나와 정식으로 항복했다. 황충은 죽은 한현의 시신을 성의 동쪽에 묻도록 허락해달라고 요청했다.

▪27
장군의 기개는 치솟은 하늘만큼 높으나
노년에 한남서 치욕을 겪었구나 기꺼이
목숨을 내놓아 후회는 없었으나 항복해
절할때 머리를 떨구니 부끄럽네 서릿발
칼날과 초인적 용맹을 찬양하니 바람을
내뿜고 싸움에 우짖는 철갑준마 보아라
장수의 이름과 영광은 찬란하게 빛나니
상담의 수면에 비치는 달빛만은 차갑네

▪26 **sure enough** 과연, 아니나 다를까   ▪27 **snuff the wind** 콧김을 킁킁거리다

28 LiuBei was generous toward the veteran leader who had come under his banner. But when WeiYan was introduced by GuanYu, ZhuGeLiang suddenly ordered lictors to drag WeiYan out and put him to death.

"He has merit; he has committed no fault," exclaimed LiuBei. "Why slay him?"

But ZhuGeLiang replied, "Ingratitude; to eat a man's bread and slay him is most disloyal; to live on his land and offer his territory to another is most wrong. I see the bone of treachery at the back of his head and he will certainly turn against his master. Therefore it is well to put him to death and prevent him from doing harm."

"If we slay this man, others who may wish to surrender will be deterred by the danger. I pray you forgive him," requested LiuBei.

ZhuGeLiang pointed his finger at WeiYan and said, "You are pardoned. You would do well to be perfectly faithful to your lord as well as grateful. Don't let a single thought stray elsewhere or I will have your head by fair means or foul."

WeYan went away muttering to himself.

▌28 유비는 자신의 휘하에 들어온 황충을 극진히 대했다. 그런데 관우가 위연을 소개하자 제갈량이 갑자기 도부수들에게 위연을 끌어내 목을 베라고 명령했다.

"문장(文長 위연)은 공을 세웠고 아무런 잘못도 저지르지 않았소." 유비가 말렸다. "왜 죽이시려는 거요?"

그러나 제갈량이 대답했다. "배은망덕입니다. 주인의 녹봉을 받아먹다가 그 주인을 죽이는 것은 무엇보다 큰 불충입니다. 주인의 땅에서 살다 그 땅을 남에게 넘겨준 것은 무엇보다 큰 잘못입니다. 위연의 뒤통수에는 배반의 뼈(반골反骨)가 보이니 분명히 주인을 또 배신할 겁니다. 그러니 미리 죽여 화근을 없애는 게 좋습니다."

"문장을 죽이면 항복하려 했던 사람들이 겁을 먹게 될 것이오. 군사는 문장을 용서하시기 바라오." 유비가 간청했다.

제갈량은 위연을 손가락으로 가리키며 말했다. "너를 용서해주니 주공께 감사함은 물론 변함없이 충성하는 게 좋을 것이다. 조금이라도 다른 마음을 먹으면 내가 수단과 방법을 가리지 않고 네 목을 벨 것이다."

위연은 뭐라 혼잣말을 하며 물러났다.

▌28 **ingratitude** 배은망덕 **deter** 막다, 방해하다 **let a single thought stray elsewhere** 한 번이라도 다른 마음을 먹다 **by fair means or foul** 수단과 방법을 가리지 않고

29 Having given in with good grace, HuangZhong introduced a nephew of LiuBiao, named LiuPan, then living in YuXian nearby. LiuBei employed him in the administration of ChangSha.

All being tranquil at ChangSha, LiuBei and his army returned to JiangLing. The name YouJiangKou was changed to GongAn and soon all was prosperous: LiuBei was supplied amply with grains and money and able men from all sides came to assist in the administration. Guards were placed at strategic points.

30 It is time to return to ZhouYu. When he went to ChaiSang to recover from his wound, he left GanNing in command at BaLing and LingTong at HanYang. The fleet was shared between these two places to be ready to move when required. The remainder of the force was under ChengPu and he went to HeFei, where SunQuan had been since the fight at Red Cliffs. He was still fighting the northern (CaoCao's) army and in half a score encounters, small and great, neither had gained a decided advantage. He couldn't approach the city but entrenched himself about fifty *li* (20 km) away.

29   흔쾌히 항복한 황충은 유표의 조카로 당시 근처 유현(攸縣)에 살고 있던 유반(劉磐)을 소개했다. 유비는 유반에게 장사의 통치를 맡겼다.

　　장사의 모든 것이 안정되자 유비는 군사들을 이끌고 강릉으로 돌아왔다. 유강구는 이름을 공안(公安)으로 바꾸었고 곧 모든 게 순조롭게 진행되었다. 유비에게 식량과 재물이 넉넉하게 들어왔으며 사방에서 능력 있는 사람들이 유비의 통치를 돕기 위해 찾아왔다. 요충지에는 수비병을 주둔시켰다.

30   이때 주유는 어떻게 하고 있었을까? 상처를 치료하기 위해 시상으로 돌아갈 때 주유는 감녕과 능통에게 각각 파릉과 한양을 지키게 했다. 함대들은 두 곳에 나뉘어 주둔하면서 필요할 때 즉각 나설 태세를 갖추었다. 나머지 군사들은 정보가 거느리고 합비로 갔다. 합비에서는 손권이 적벽대전이 벌어진 이후 계속 주둔하고 있었는데 그때까지 강북 (조조의) 군사들과 싸움을 벌이면서 10여 차례 접전을 벌였으나 승부를 내지 못하고 있었다. 성에 접근할 수 없었던 손권은 50리 (20 km) 떨어진 곳에 영채를 세워 머물고 있었다.

29 **give in** 항복하다　**with good grace** 기꺼이, 흔쾌히

30 **gain a decided advantage** 분명한 승세를 거두다　**entrench** 단단히 자리하다, 참호를 파고 들어가다

When he heard of the coming of reinforcements, he was very pleased and went in person to meet and welcome the leaders. LuSu was in advance of the main body of reinforcements and SunQuan dismounted and stood by the roadside to greet him. As soon as he saw this, LuSu slid out of the saddle and made his obeisance.

The officers were amazed at the attitude of SunQuan, and still more so when SunQuan asked LuSu to remount and ride by his side. Presently he said secretly to LuSu, "As you saw, I dismounted and greeted you to enhance your recognition; was that manifestation enough for you?"

"No," replied LuSu.

"Then what further can I do?"

"I want to see your authority and virtue spread over the four seas and enfold the nine provinces and you yourself playing your part as Emperor. Then my name will be inscribed in the annals and I will indeed be known."

SunQuan clapped his hands and laughed gleefully.

31 지원군이 온다는 소식을 들은 손권은 크게 기뻐하며 직접 지원군의 장수들을 맞이하러 나섰다. 노숙은 지원군의 본진보다 앞서 오고 있었는데 손권은 말에서 내려 길가에 서서 노숙을 맞이했다. 이런 손권의 모습을 보자마자 노숙은 안장에서 황급히 미끄러져 내려 절을 올렸다.

장수들은 손권이 노숙을 맞이하는 태도에 깜짝 놀랐고 손권이 노숙에게 나란히 말을 몰 것을 권하자 더욱 경악했다. 이윽고 손권이 은밀히 노숙에게 말했다. "공이 보았듯 공의 위상을 높여주기 위해 내가 말에서 내려 공을 맞았소. 그 정도면 만족하오?"

"못합니다." 노숙이 대답했다.

"그럼 얼마나 더 해야 하오?"

"주공의 위엄과 덕을 사해에 퍼뜨리시고 아홉 주에 널리 펼치시며 주공께서는 황제의 업적을 이루어 주십시오. 그럼 제 이름이 역사에 기록될 것이고 비로소 제 위상이 알려질 것입니다."

손권은 손뼉을 치며 껄껄 웃었다.

---

31 enhance A's recognition A의 위상[명성]을 높이다 manifestation 표시, 표현 enfold A A를 뒤덮다[감싸다] be inscribed in the annals 연대기에 기록되다

When they reached the camp, a banquet was prepared and the services of the new arrivals were praised and glorified.

The next day, the destruction of HeFei was under discussion, when one came in to say that ZhangLiao had sent a written challenge to battle. SunQuan tore open the cover and what he read therein made him enraged. "This ZhangLiao has insulted me grossly," said he, "he hears that DeMou (ChengPu) has arrived and sends a challenge. Tomorrow, O newly-come warriors, you will see me fight with him. You will have no share in the battle."

Orders were given that the next morning the army would move out of camp and advance on HeFei. Early in the morning, when they had advanced about halfway, they met the army of CaoCao and prepared for battle. SunQuan, with helmet and breastplate of gold, rode to the front with SongQian and JiaHua, each armed with a halberd to support him and guard him one on each side.

32 　모두들 영채에 도착하자 손권은 잔치를 마련하고 새로 도착한 병사들이 세운 공을 칭찬하고 치하했다.
　　이튿날 합비를 칠 일을 상의하는데 한 병사가 들어와 장료가 싸움을 거는 글을 보내왔다고 전했다. 편지를 열어 글을 읽어본 손권이 크게 화를 냈다. "이 장료라는 자가 나를 심하게 모욕하는구나." 손권이 말했다. "덕모(德謀 정보)가 도착했음을 알고도 이런 글을 보내다니. 지원병력은 내일 내가 장료와 싸우는 것을 구경이나 하라. 괜히 싸움에 낄 일이 없을 것이다."

33 　이튿날 아침 영채를 나가 합비를 향해 진군할 것이라는 명령이 떨어졌다. 아직 아침 이른 시간인데 병사들이 절반 가량 전진했을 때 조조의 군사와 마주쳐 전투 준비에 돌입했다. 손권은 금빛이 나는 투구와 갑옷을 입고 송겸(宋謙), 가화(賈華)를 거느리고 대열의 전방으로 나섰다. 송겸과 가화는 각각 화극으로 무장하고 양쪽에서 손권을 도우며 호위했다.

---

32 **arrival** 도착자, 도착물, 도착　**be under discussion** 논의되다　**insult A grossly** A를 크게 모욕하다

▪34 When the third roll of the drum ceased, the center of the CaoCao array opened to allow the exit of three warriors, all fully armed. They were ZhangLiao, supported by LiDian and YueJin. ZhangLiao, the central figure, especially designated SunQuan as the object of his challenge. SunQuan took his spear and was about to accept the challenge, when the ranks behind him were broken by TaiShiCi, who galloped forth with his spear ready to thrust. ZhangLiao whirled up his sword to strike the newcomer and the two fought near a hundred bouts without a decisive blow.

▪35 Then LiDian said to YueJin, "He there opposite us with the gold helm is SunQuan; if I capture him, the loss of our eight hundred thirty thousand troops at Red Cliffs will be amply avenged."

At these words, YueJin rode out, alone, just one man and one sword, and went sidelong toward the two combatants. Then suddenly, swift as a flash of lightning, he ran forward and slashed at SunQuan. But SunQuan's two guards, SongQian and JiaHua, were too quick for him. Up went the two halberds guarding their lord's head. The blow fell, but on the crossed halberds, which were shorn through near the head, and in another moment, they were hammering away on the head of YueJin's steed with the shafts of their broken weapons and forcing him back.

34 세 바탕 북소리가 끝나자 조조 진영의 중앙이 열리더니 완전무장을 갖춘 세 명의 장수들이 뛰쳐나왔다. 장료와 이전, 악진이었다. 가운데에 있던 장료는 특히 손권을 목표로 하고 있었다. 손권이 창을 꼬나쥐고 장료의 도전을 받아들이려는 찰나, 손권 뒤쪽의 대열이 열리며 태사자가 창을 움켜쥐고 질주해 나왔다. 장료는 칼을 휘두르며 태사자를 노렸고 두 장수는 100여 합을 어울려 싸웠으나 승부를 내지 못했다.

35 그러자 이전이 악진에게 말했다. "맞은 편에 황금투구를 쓴 자가 손권일세. 그를 사로잡으면 적벽에서 우리 83만 대군이 입었던 손실에 대한 충분한 복수가 될 것이네."

이 말을 듣자마자 악진은 홀로 칼 하나만 들고 말을 몰아 나갔다. 장료와 태사자를 향해 비스듬히 질주하던 악진은 번개처럼 방향을 앞으로 틀어 달려들더니 손권을 겨냥해 칼을 내리쳤다. 그러나 송겸과 가화 두 호위장수가 더 빨랐다. 두 자루의 화극이 솟아올라 손권의 머리를 막았고 악진이 내려친 칼은 십자로 손권을 막고 있던 두 자루 화극 위로 떨어졌다. 손권의 머리 근처에서 두 자루 화극의 날이 잘려나가자 다음 순간 송겸과 가화가 악진의 말머리를 화극의 자루로 내려쳐 쫓아냈다.

34 designate A as B A를 B로 자격[지명]하다   **35** be amply avenged 충분히 복수가 되다 go sidelong toward A A를 향해 비스듬히 가다 swift as a flash of lightning 번갯불처럼 재빨리 slash at A A를 겨냥해 베다 shear 자르다 cf. shear-sheared-sheared or shear-shore-shorn hammer away on A with B B로 A를 내려치다[후려치다]

Chapter 53 253

SongQian snatched a spear from a soldier near and went in pursuit of YueJin, but LiDian, on the other side, fitted an arrow to his bow and aimed at SongQian's heart. And SongQian fell as the bowstring twanged.

Then TaiShiCi, seeing a squadron of horse in motion toward him, left off the fight with ZhangLiao and returned to his own line. At this, ZhangLiao and his forces fell on in a swift attack and the army of Wu, thrown into confusion, scattered and fled.

ZhangLiao, having distinguished SunQuan in the distance, galloped in pursuit and had nearly caught up with him, when ChengPu happily rushed in from one side of the line of fight, stayed the pursuit and saved his master. ZhangLiao withdrew to HeFei. SunQuan was escorted back to his main camp, where his beaten soldiers gradually rejoined him and their ranks were reformed.

When SunQuan knew of the death of SongQian, he was greatly pained and wept aloud.

▮36 송겸은 재빨리 근처에 있던 병사의 창을 낚아채 악진을 뒤쫓았다. 그러나 맞은편에 있던 이전이 화살을 활에 재더니 송겸의 심장을 겨냥했다. 송겸은 화살 시위 팅기는 소리와 함께 땅으로 거꾸러졌다.

그때 태사자는 한 무리의 기병들이 달려드는 것을 보고 장료와의 싸움을 포기하고 본진으로 달아났다. 이것을 본 장료가 군사들을 휘몰아 신속하게 공격해 들어가자 오군은 혼란에 빠져 흩어져 달아났다.

▮37 먼발치에서 손권을 알아본 장료가 말을 몰아 추격에 나섰다. 장료가 손권을 거의 따라잡았을 때 다행스럽게도 정보가 싸움터 한쪽에서 돌진해나와 장료의 추격을 막아 손권을 구했다. 장료는 합비로 물러났고 손권은 본진으로 호위되어 돌아왔다. 오의 패잔병들도 점차 합류해 전열이 복원되었다.

송겸이 죽었다는 소식을 들은 손권은 크게 상심하여 소리내어 울었다.

▮36 **snatch A from B** B로부터 A를 낚아채나 ▮37 **stay the pursuit** 추격을 막다
see A in motion toward B A가 B를 향해 움직이는 것을 보다

But ZhangHong, Chief Clerk, reproached him, saying, "My lord, you relied too much upon your martial prowess and lightly engaged in battle with a formidable enemy. Every man in the army was chilled with fear and you lost a general and some of your banners. It is not for you to exhibit prowess on the actual battlefield and encroach upon the duties of a captain. Rather curb and repress such physical feats as those of MengBen* and XiaYu and contemplate schemes of exercising princely virtues with the hegemony of all the feudal principalities. It is because of your ill-regulated action in engaging in battle that SongQian perished at the hands of your enemies. Hereafter you should regard as most important your personal safety."

"Yes; it is indeed a fault," said SunQuan. "I will reform."

38 그러나 장사 장굉이 손권을 질책했다. "주공께서 무예 솜씨만을 믿고 위협적인 적장과의 싸움에 경솔하게 말려드시니 군중의 모든 병사들이 두려움에 떨었고 결국 장수 한 명과 수많은 깃발을 잃으셨습니다. 실전에서 무예를 자랑하는 것은 장수들이나 할 바이니 주공께서 대신 하실 일이 아닙니다. 맹분(孟賁)*과 하육과 같은 용맹은 억눌러 다스리시고, 대신 모든 제후들의 패권을 거머쥐어 패왕의 위엄을 발휘하실 계책을 숙고하십시오. 송겸이 적장의 손에 목숨을 잃은 것도 주공께서 자제심을 잃고 전투에 가담하신 것 때문입니다. 이제부터는 주공의 안전을 최우선으로 생각하셔야 합니다."

"그렇소. 참으로 내 잘못이오." 손권이 말했다. "고치겠소."

---

38 reproach 꾸짖다, 책망하다 rely too much upon A's martial prowess A의 무예 솜씨에 너무 많이 의존하다 engage in battle with A A와 맞붙어 싸우다 formidable enemy 무서운 적 it is not for A to exhibit ~ and encroach upon … ~을 과시하고 …을 대신하는 것은 A가 할 바가 아니다 cf. encroach upon (남의 권리 등을) 침범하다 curb and repress A A를 제어하고 억누르다 such physical feats as ~ ~와 같은 신체적인 재주 contemplate ~ ~을 심사숙고하다 exercise A with B B로 A를 발휘하다 hegemony of all the feudal principalities 모든 제후국의 패권 it is because of ~ that … …인 것은 ~때문이다 ill-regulated action in ~ ~한 무절제한 행동 reform 개심하다, 개선되다 *MengBen 맹분(孟賁): 춘추전국시대 위나라의 장사. 하육, 중황, 오획 등과 함께 힘과 용맹의 대명사로 통한다. 22장 중황, 하육, 오획 주석 참고

Soon after, TaiShiCi entered the tent and said, "In my command there is a certain GeDing, brother of a groom in the army of ZhangLiao. This servant is deeply resentful on account of a punishment inflicted upon him and is anxious to be revenged. He has sent over to say that he will show a signal tonight when he has assassinated ZhangLiao in revenge for the death of your late leader SongQian. I wish to take some men over to await this signal to attack."

"Where is this GeDing?" asked SunQuan.

"He has mingled with the enemy and gone into the city. Let me have five thousand troops."

ZhuGeJin said, "ZhangLiao is full of guile, I think you will find him prepared for your coming. Be careful."

As TaiShiCi, however, urged his chief to let him go, and SunQuan was deeply hurt by the death of his captain, the permission was given and the force started.

Now here it must be said that TaiShiCi and this GeDing were natives of the same place. GeDing had made his way into the city without detection, found his brother and the two had arranged their plot. GeDing also told him that TaiShiCi would come over that night to help them and asked what they should do.

39 곧 태사자가 장막으로 들어와 말했다. "제 휘하에 과정(戈定)이라는 사람이 있는데 장료 수하에 있는 마부의 형입니다. 이 마부는 장료에게 벌을 받고 깊은 원한을 품어 복수의 칼을 갈고 있습니다. 그가 저에게 사람을 보내 오늘 밤 장료의 목을 베어 송겸의 원한을 갚을 것이고 그때 신호를 보내겠다고 전해왔습니다. 약간의 군사들을 거느리고 신호를 기다렸다가 공격하고자 합니다."

"그 과정이란 사람은 어디에 있소?" 손권이 물었다.

"과정은 이미 적들과 섞여 성 안으로 들어갔습니다. 저에게 5000의 군사를 주십시오."

제갈근이 말했다. "장료는 꾀가 많으니 우리가 쳐들어갈 것에 대비하고 있을 것이오. 조심하시오."

40 그러나 태사자가 보내달라고 고집을 부렸고 손권도 송겸의 죽음으로 슬퍼하던 참이라 결국 허락하여 군사들이 출발했다.

태사자와 과정이 같은 고향 사람이란 것은 미리 말해둘 필요가 있겠다. 과정은 들키지 않고 성으로 잠입하여 동생을 찾아냈다. 두 사람은 계획을 짰다. 또 과정은 동생에게 태사자가 그날 밤 와서 도울 것이라 알려주고 어떻게 해야 하는지를 물었다.

---

39 groom 마부, 말 사육 담당자; 신랑
punishment inflicted upon A A에게 가해진 형벌
mingle with A A와 뒤섞이다 be full of guile
꾀가 많다

40 without detection 발각되지 않고

41 His brother, the groom, said, "As the men of Wu are far away, I fear they can't be here tonight, so we will make a huge bonfire of straw and then you can rush out and cry treachery. That will throw all into confusion and will give a chance to kill ZhangLiao."

"This is an excellent plan," said GeDing.

42 Now after the victory, ZhangLiao returned to the city and rewarded his men but he issued orders that no one was to sleep without his armor on. His attendants said, "You have gained a great victory today and the enemy are far away. You might doff your armor and get some repose."

But ZhangLiao replied, "That is not the way of a leader. A victory is no reason for rejoicing, nor should a defeat cause sadness. If the men of Wu suspect that I am unprepared, they will attack and we must be ready to repel them. Be ready tonight and be doubly careful."

41 아우인 마부가 대답했다. "오군은 멀리 떨어져 있으니 오늘 밤 여기까지 오지 못할까 걱정이오. 그러니 짚풀에 불을 크게 지르면 형님은 앞으로 달려가 반란이 일어났다 외치시오. 병사들이 우왕좌왕할 때 기회를 보아 장료를 죽이겠소."

"훌륭한 생각이네." 과정이 말했다.

42 이때 승리를 거둔 후 장료는 성으로 돌아와 병사들에게 상을 내렸으나 누구도 갑옷을 벗고 잠을 자서는 안 된다고 명령했다. 측근들이 말했다. "장군께서는 오늘 대승을 거두셨고 적들은 멀리 떨어져 있으니 갑옷을 벗고 쉬셔도 될 것입니다."

그러나 장료가 대답했다. "그것은 장수가 취할 길이 아니오. 한 번 이긴 게 기뻐할 이유가 될 수 없고 한 번 진 게 슬퍼할 이유가 될 수 없는 법이오. 오군이 내가 무방비 상태인 걸 알면 쳐들어올 테니 우리는 그들을 물리칠 태세를 갖추고 있어야 하오. 오늘 밤을 대비해 방비를 두 배로 강화하시오."

---

41 **bonfire** 횃불, 모닥불 **cry treachery** 반란이 일어났다 외치다 **throw A into confusion** A를 혼란에 빠뜨리다

42 **without his armor on** 갑옷을 입지 않은 상태로 **doff one's armor** 갑옷을 벗다 **repel A** A를 쫓아내다

Scarcely had he said this when a fire started and cries of "Treachery!" arose from all sides. Many rushed to tell the leader, who went out and called together his guard of about half a score. They mounted their horses and took up a commanding position in the way.

Those about ZhangLiao said, "The shouts are insistent; you ought to go and see what it means."

"A whole city can't be traitors," said ZhangLiao. "Some discontented person has frightened the soldiers. If I see anyone doing so, I will slay him."

Soon after this, LiDian dragged up GeDing and his fellow traitor. After a few brief questions, they were beheaded. Then arose a great noise; shouting and the rolling of drums were heard outside the gate.

"That means the men of Wu are there to help," said ZhangLiao. "But we will destroy them by a simple ruse."

He bade them light torches and yell, "Treachery! Rebellion!" and throw open the city gates and let down the drawbridge.

■ 43   장료의 말이 끝나기도 전에 불길이 치솟더니 반란이 일어났다는 외침들이 사방에서 들려왔다. 수많은 병사들이 달려와 보고를 올리자 장료는 밖으로 나가 10여 명의 호위무사들을 불러모았다. 이들은 모두 말에 올라 길 한가운데에 떡 버티고 섰다.

주변에서 말했다. "외침이 끊이지 않고 있습니다. 가서 무슨 일인지 알아봐야 하지 않겠습니까?"

"성 전체가 몽땅 반란자일 수는 없소." 장료가 말했다. "일부 불만을 품은 자들이 병사들을 놀라게 한 거요. 선동하는 자를 보면 바로 죽일 것이오."

얼마 지나지 않아 이전이 과정과 마부를 잡아왔다. 몇 가지 간단한 질문 끝에 둘은 목이 잘렸다. 그때 성문 밖이 떠들썩해지면서 함성이 일어나더니 북을 두드리는 소리가 울려퍼졌다.

"오군이 돕기 위해 온 것이오." 장료가 말했다. "하지만 간단한 계책으로 깨뜨릴 것이오."

장료는 병사들에게 횃불을 밝히고 "반역이다! 폭동이다!"라고 외치며 성문을 활짝 열고 가동교를 내리게 했다.

■ 43 scarcely ~ when ⋯ ~하지마자 ⋯하나 **take up a commanding position** 장악하는[지배적인] 위치를 차지하다 **in the way** 길을 막고 **insistent** 집요한, 끈덕진 **discontented** 불만스러운 **drag up A** A를 질질 끌다 **throw open A** A를 활짝 열다

44 When TaiShiCi saw the gates swing open, he thought his scheme was going well and in full confidence rode in at the gate. But just at the entrance a signal bomb suddenly exploded and the enemy arrows came down on him like pelting rain. Then he knew he had fallen into a snare and turned to ride out. But he was wounded in many places. And in the pursuit that followed, more than half the men of Wu were cut off. As he drew near his own lines, a rescue force led by LuXun and DongXi came to his aid and the CaoCao soldiers ceased from pursuit.

45 SunQuan was exceedingly sad when he learned that his faithful captain had been grievously wounded and when ZhangZhao prayed him to cease from war, he was content. They gathered in their men to their ships and sailed to NanXu or RunZhou, where they camped.

Meanwhile TaiShiCi was dying. When his lord sent to ask how he fared, he cried, "When a worthy man is born into a turbulent world, he has to be a soldier and gird on a three *ja* (1 m) sword. I have not rendered great service. Why must I die before I have attained my desire?"

These were his last words; he was forty-one years of age.

44 　성문이 활짝 열리는 것을 본 태사자는 계책대로 잘 진행되고 있다고 생각하고 아무런 의심 없이 성문으로 말을 몰아 들어갔다. 그러나 막 입구에 도착하자 느닷없이 신호포가 터지더니 적의 화살들이 태사자를 향해 소나기처럼 쏟아져 내렸다. 함정에 빠진 것을 깨달은 태사자가 달아나려고 말머리를 돌렸으나 이미 화살이 그의 몸 여러 군데에 박혔다. 게다가 추격군이 따라붙어 오군은 절반 이상이 목숨을 잃었다. 태사자가 본진에 가까이 이르자 육손과 동습이 이끄는 구원군이 도우러 나와 조조의 군사들이 추격을 멈추었다.

45 　충성스러운 태사자가 심한 부상을 당했다는 소식을 들은 손권은 크게 상심했고 장소가 군사를 물리기를 권하자 결국 그렇게 하기로 했다. 손권은 군사들을 배로 퇴각시켜 남서(南徐), 즉 윤주(潤州)로 배를 이동해 영채를 세웠다.

　한편 태사자가 사경을 헤매고 있는데 손권이 사람을 보내 태사자의 안부를 물었다. 태사자가 외쳤다. "대장부가 어지러운 세상에 태어났으면 장수가 되어 3자 (1 m) 검을 차야 한다. 내가 아직 큰 공을 세우지도 못했는데 어째서 뜻을 이루기도 전에 죽어야 한단 말인가?"

　이것이 태사자가 남긴 마지막 말이었으니 그때 나이 41세였다.

---

44 **see A swing open** A가 활짝 열리는 것을 보다 **in full confidence** 확신하여, 아무 의심 없이 **pelting rain** 억수같이 내리는 비 **cease from A** A하는 것을 그치다[멈추다]

45 **be grievously wounded** 심하게 부상을 입다 **content** 찬성하는, 동의하는 **gather in A to B** A를 B로 모아들이다 **fare** (사람이) 해나가다, 살아나가다 **turbulent** (날씨, 풍파, 인심 등이) 험한, 사나운 **gird on** (칼 등)을 차다 **attain A** A를 획득하다

Single-minded and perfectly loyal,
Such was TaiShiCi, in DongLai born,
Far distant frontiers rang with his exploits,
Riding or archery, all men he excelled,
One in BeiHai who admired his valor
Cared for his mother while he was fighting,
How he roared in the battle at Shen Village*!
Dying, he spoke as a hero;
All through the ages men sigh for his fate.

46

일편단심 흔들림 없어라 충성심
동래에서 태어난 태사자 로구나
변방까지 위업이 울리어 퍼지니
말타기며 활솜씨 당할자 없더라
태사자를 존경한 북해의 한사람
태사자가 싸울때 그모친 돌보니
태사자는 신정의 전투*서 포효해
죽으면서 남긴말 영웅의 풍모라
길이길이 이사람 죽음을 슬퍼해

46 **single-minded** 한마음의, 한결 같은, 성실한 **exploit** 영웅석 행위, 위업 **care for A** A를 돌보다
*battle at Shen Village 신정의 전투; 태사자가 당시 유요 수하에 있으면서 손책과 처음으로 맞붙어 싸웠던 곳이 신정이다. 15장 참고

47 SunQuan exceedingly grieved when TaiShiCi died. He gave orders to bury his remains most honorably outside the north wall on the BeiGu Hills in NanXu and took his son, TaiShiHeng into his own palace to be brought up.

When LiuBei heard of the series of misfortunes that had befallen Wu and of their retirement to NanXu, he and ZhuGeLiang discussed their plans. ZhuGeLiang said, "I was studying the sky and saw a falling star in the north-west. The imperial family is to suffer a loss."

He had scarcely said this when they brought news of the death of LiuQi, son of LiuBiao, and the fall of XiangYang to CaoCao's troops who made a surprise attack on the city*.

47 grieve 슬퍼하다 **bury A's remains most honorably outside B on C in D** D 안에 있는 C 위의 B 밖에 A의 유해를 가장 성대하게 매장하다 **befall A** A에게 (불운 등이) 닥치다 **retirement to A** A로의 물러남[퇴각] **falling star** 유성 **scarcely ~ when …** ~하자마자 …하다 *the fall of ~ on the city 급습을 받아 양양을 빼앗겼다: 원문에는 없는 내용인데 역자가 추가한 것이다. 이유는 다음과 같다. 원문대로 이야기가 진행되면 양양과 번성의 임자는 유비인데 73장에 보면 별안간 조인이 양양과 번성에 주둔하고 있고 관우가 이를 공격하는 장면이 나온다. 이 장면은 관우의 죽음과 연결되는 전투의 시작이므로 고칠 수 있는 부분이 아니다. 그렇다고 73장 이전에 유비가 두 성을 조조군에게 빼앗기는 내용이 나오는 것도 아니니 이는 모순이다. 삼국지의 다른 부분을 가장 적게 고치면서 전체적인 이야기에도 틈이 생기지 않게 이 모순을 해결하는 방법은 73장에 이르기 전에 양양과 번성을 조조군이 차지하도록 만드는 것인데 관우 대신 양양에 주둔한 유기가 조조군의 기습을 받아 죽고 성을 빼앗기는 것으로 처리하는 것이 역자가 보기에는 가장 유리한 듯하여 그렇게 고친 것이다. 당시 양양은 유비의 차지였으나 양양의 코앞에 위치한 번성부터 그 이북 남양군 전체는 조조가 점령한 상황이었으므로 수적으로 열세인 유비군이 양양을 효과적으로 지키는 것은 쉬운 일이 아니었다. 더구나 유기는 혼자서는 걷지도 못할 정도로 거의 폐인과 같은 상태였고 양양의 관리들은

47　태사자가 죽자 손권은 크게 슬퍼하며 태사자의 시신을 남서의 북고산(北固山)에 위치한 북벽의 바깥에 후하게 장사지내게 하고 태사자의 아들 태사형(太史亨)을 궁궐에 데려다 길렀다.

오군이 일련의 불행을 당해 남서로 퇴각했다는 소식을 들은 유비는 제갈량과 함께 대책을 논의했다. 제갈량이 말했다. "제가 하늘을 살펴보니 북서쪽으로 별 하나가 떨어졌습니다. 황족 중 죽는 사람이 나올 것입니다."

제갈량이 말을 마치기도 전에 보고가 올라왔다. 유표의 아들인 유기가 죽었고 조조군의 급습을 받아 양양을 빼앗겼다*는 내용이었다.

유표가 죽은 뒤 유기를 배반하고 유종을 추대한 바 있으며 뒤이어 조조에게 붙었던 전력이 있으니 유기의 입장에서는 적이나 마찬가지다. 이런 곳을 유기가 홀로 지킨다는 것은 사실상 불가능에 가까운 일이었다. 따라서 양양의 수비자가 관우에서 유기로 바뀌는 것은 조조군이 양양을 공격하는 이유로 충분하고 양양이 쉽게 함락되는 이유로도 충분할 것이다. 또한 이런 곳에 유기를 보낸 유비의 의중도 추측이 가능하다. 유비가 형주를 차지하는데 최대의 걸림돌은 사실 손권이나 주유가 아니라 바로 유기였다. 대의명분을 목숨보다 중요시해야 하는 유비의 입장에서 유표의 적법한 계승자인 유기가 살아있는 한 (유기가 아무리 유비의 꼭두각시와 같은 존재라고 해도) 형주가 온전히 자신의 소유가 되는 것은 불가능한 일이었다. 이런 상황에서 양양은 원래 형주의 수도이니 유기를 그곳에 복귀시키는 것은 외관상 명분이 서는 일이었고 실리적으로도 유기의 적들이 가득하고 방어하기도 쉽지 않은 곳에 유기를 들여보내 차도살인(借刀殺人: 남의 칼을 빌려 사람을 죽이는 방법, 병법 36계 중 제3계)의 방법으로 유기를 없애는 것은 어차피 지키기 어려운 양양을 포기하는 대신 유기를 제거함으로써 형주를 온전히 자신의 것으로 하는 최상의 계책이 될 수 있는 것이다. 소설에서야 유기가 죽은 후 유비가 형주 반환 문제를 걱정하는 것으로 나오지만 그게 과연 유비의 진실한 속마음이었을까? 참고로 역자가 찾아본 바로는 정사에서 유비는 양양을 차지한 적이 없다.

Chapter 53

LiuBei at once began to wail bitterly. But his adviser said to him, "Life and death, gain and loss are beyond our control. Therefore do not weep, my lord, for grief harms the body. Rather consider what is necessary to be done."

"What should we do?" asked LiuBei.

"XiangYang, the capital city of JingZhou, is strategically very important but since NanYang Commandery and FanCheng are not under our control, the city is not easy to defend. Moreover, the people of JingZhou have yet to recover from the aftermath of war, while the spirit of CaoCao's army is no doubt excellent due to their recent victory over SunQuan. So, now is not the time to fight back to retake the city. We had better soothe our people and strongly defend JiangLing. CaoCao has taken XiangYang but his troops and people are also exhausted from this prolonged war and they are well aware that this area is very difficult to capture as long as the mutual defense between JiangLing and YiLing works. So send someone to strengthen the defense of YiLing which is crucial for the safety of JiangLing and then make arrangements for LiuQi's memorial ceremony."*

"Who can go?" asked LiuBei.

"No other than YunChang."

So they sent him to guard the city of YiLing.

48

　유비가 소식을 듣고 곧장 슬피 울자 제갈량이 말했다. "생사득실(生死得失)은 인간이 어쩔 수 없는 것이니 주공께서는 눈물을 거두십시오. 슬픔은 몸을 상하게 하는 법입니다. 차라리 해야 할 일을 생각하십시오."

　"무엇을 해야 하오?" 유비가 물었다.

　"양양은 형주의 수도라 전략적으로 아주 중요한 곳이긴 하지만 남양군과 번성이 우리 수중에 있지 않으니 양양을 방어하기는 쉽지 않습니다. 더욱이 형주의 백성들은 전쟁의 후유증을 아직 극복하지 못하고 있는데 최근 손권을 꺾은 조조군은 의심할 나위 없이 그 사기가 하늘을 찌릅니다. 그러므로 지금은 양양을 되찾자고 전쟁을 일으킬 때가 아닙니다. 차라리 백성들을 어루만지면서 강릉을 튼튼히 지키는 편이 낫습니다. 조조가 양양을 차지하기는 했으나 그의 군사들과 백성들 역시 오랜 전쟁으로 피로해 있으며 강릉과 이릉의 상호 방어 체계가 잘 작동하는 한 이곳을 빼앗는 것은 무척 어렵다는 것을 저들도 잘 압니다. 그러니 사람을 보내 이릉의 수비를 강화하십시오. 이는 강릉의 안전에 꼭 필요한 일입니다. 그 다음 장례식을 준비하십시오."*

　"누구를 보내면 되겠소?" 유비가 물었다.

　"운장이 아니면 안 됩니다."

　이리하여 유비는 관우를 이릉으로 보내 지키게 했다.

---

48 **wail bitterly** 비통하게 울다　**be beyond A's control** A의 통제 밖에 있다　**grief harms A** 슬픔은 A를 상하게 하다　**be under A's control** A의 통제 하에 있다　**recover from the aftermath of A** A의 후유증으로부터 회복하다　**be no doubt excellent due to ~** 의심할 여지 없이 ~때문에 훌륭하다　**soothe A** A를 달래다[진정시키다]　**be exhausted from this prolonged war** 이 오랜 전쟁으로 피로하다　**the mutual defense between A and B works** A와 B간의 상호 방어가 작동하다　**strengthen A which is crucial for B** B에 중요한 A를 강화하다　**make arrangements for A** A에 대한 준비를 하다　**memorial ceremony** 장례식: 매장의식이 치러지는 interment나 funeral과는 약간 다른 어감　*"What should ~ LiuQi's memorial ceremony." 앞서 유비의 질문과 제갈량의 이 답변은 원문에 없는 것인데 역자가 덧붙였다. 바로 위에서 유기가 양양에 주둔하다 조조군의 기습을 받아 목숨을 잃고 성을 빼앗긴 것으로 이야기를 고치려면 이곳도 이런 식으로 처리할 수밖에 없다.

LiuBei at once began to feel troubled about his promise to surrender JingZhou on the death of LiuQi, but ZhuGeLiang did not consider this a matter of moment. He said, "I will have somewhat to say to anyone who comes to ask fulfillment of the promise." In half a month, it was announced that LuSu would come to mourn at the memorial ceremony.

> To claim the promise one will come,
> But they will send him empty home.

What reply ZhuGeLiang made may be read in the next chapter.

49 　유비는 유기가 죽으면 형주를 내놓겠다고 약속했던 것 때문에 불안해지기 시작했다. 그러나 제갈량은 신경도 쓰지 않았다. 제갈량이 말했다. "그 누가 약속 이행을 촉구하러 오더라도 제가 할 말이 있습니다." 보름이 지나자 노숙이 조문하러 올 것이라는 전갈이 올라왔다.

　　　　　　　　약속이행 요구하러 오더라도
　　　　　　　　빈손으로 돌려보낼 것이로다

제갈량은 어떻게 대답했을까?

---

49 **consider A B** A를 B로 고려하다　**a matter of (great) moment** (대단히) 중요한 일　**have somewhat to V** V할 것이 약간 있다　**ask fulfillment of the promise** 약속의 이행을 요구하다

Chapter 53　273

The Dowager Marchioness of Wu Sees Her Son-in-Law at a Temple
Liu, Imperial Uncle, Takes a Worthy Consort

LiuBei and ZhuGeLiang went out of the city to welcome the envoy of Wu and led him to the yamen. After the usual greetings, LuSu said, "Hearing of the death of your nephew, my lord has prepared some gifts and sent me to take his place at the funeral sacrifices. Supreme Commander ZhouYu also sends greetings to the Imperial Uncle and to you, Master ZhuGeKongMing."

Both rose at once and thanked him for the courtesy. Then the gifts were handed over and a banquet prepared, and while it was in progress, the guest brought up the real object of his visit.

"You said, Sir, that JingZhou would be returned to us after the death of LiuQi. Now that the event has happened, rendition becomes due and I would be glad to know when the transfer can take place."

"We will discuss that later; in the meantime let us go on with our wine," said LiuBei.

오국태는 절에서 사위를 보고
유황숙은 훌륭한 배필을 얻다

> 01 유비와 제갈량은 성 밖으로 나가 동오의 사신 노숙을 맞이하여 아문으로 안내했다. 의례적인 인사가 끝나자 노숙이 말했다. "조카님의 사망 소식을 들으시고 우리 주공께서 예물을 갖춰 저를 보내셔서 대신 조의를 표하도록 하셨습니다. 주유 대도독 역시 황숙과 제갈공명 선생께 안부를 전해달라 하셨습니다."

> 02 유비와 제갈량은 즉각 자리에서 일어나 호의에 감사했다. 노숙이 곧 예물들을 내놓았고 연회가 마련되었다. 술이 몇 순 돌자 노숙이 본심을 꺼냈다. "황숙께서는 유기 공자가 사망할 경우 형주를 돌려주시겠다 말씀하신 적이 있습니다. 이제 공자가 사망했으니 반환해주실 때가 되었습니다. 언제 돌려주실 지 말씀해주시면 감사하겠습니다."

> "그 문제는 나중에 상의합시다. 지금은 술이나 드시지요." 유비가 대답했다.

---

dowager marchioness 국태, 후작 부인으로서 미망인

> 01 **take A's place at B** B에서 A를 대신하다

> 02 **courtesy** 호의, 관용; 공손, 예절바름
rendition 반환, 돌려주기 **become due** (일이 일어날) 때가 되다, (지급 등의) 기한이 되다

So the feasting continued. Some time later LuSu returned to the subject, but this time his host remained silent. However, ZhuGeLiang, changing color, said, "ZiJing, you are unreasonable. From the very foundation of the empire by our illustrious ancestor, the great heritage has descended in due course till today when, unhappily, evildoers have risen among the powerful and they have seized such portions as they could. But with God's favor and help, unity under the rightful sovereign is to be restored. My lord is a scion of the imperial house, a descendant in the eighteenth generation of Emperor XiaoJing. Now, as the Emperor's Uncle, should he not have a share of the empire? Moreover, LiuJingSheng (LiuBiao) was my lord's elder brother and there is certainly nothing extraordinary in one brother's succession to another's dominions.

03 이렇게 연회가 계속되었다. 얼마쯤 시간이 지나 노숙이 다시 말을 꺼내자 유비는 입을 다물었고 제갈량이 낯빛이 변하더니 말했다. "자경의 말은 이치에 맞지 않소. 한고조께서 제국을 처음 세우신 이래로 지금까지는 제국의 위대한 영토가 적법한 계통에 따라 전해졌으나 불행하게도 사악한 무리들이 힘 있는 자들 가운데에서 일어나 제국의 땅을 서로 나눠 차지하고 말았소. 하지만 하늘의 호의와 도움으로 적법한 군주에 의한 통일은 다시 이뤄질 수밖에 없소. 우리 주공께서는 황실의 후손으로 효경황제의 18대 손이시오. 이제는 황숙(황제의 숙부)이시니 제국의 일부를 차지하지 못하실 게 뭐요? 더욱이 유경승(유표)은 우리 주공의 형님이시니 아우가 형의 영지를 이어받는 것은 조금도 이상할 게 없소.

---

03 heritage 물려받은 것, 유산 descend in due course 당연한 순서에 따라 전해지다 evildoer 나쁜 짓을 저지르는 사람, 악인 seize ~ ~을 점령하다 rightful sovereign 적법한 지배자[군주] a descendant in the eighteenth generation of A A의 18대 손 A's succession to B's dominions B의 영지를 A가 계승

Chapter 54

What is your master? A son of a petty official from QianTang County, absolutely without merit so far as the State is concerned. Just because he is powerful, he holds actual possession of six commanderies and eighty-one counties, which has whetted his insatiable appetite till he now desires to swallow the whole country. The land of Han belongs to the Liu family and my lord, who is of that name, has no share thereof, while your master, whose name is Sun, would dispute with, and even fight him. Besides, at the battle at Red Cliffs, my lord did good service and acquired great merit while his captains risked their lives. Was it solely the strength of your men of Wu that won that fight? Had I not brought that southeast wind that meant so much for GongJin (ZhouYu), could he have done anything? Had JiangNan been conquered, it is needless to say that two beauties you knew of would now be gracing the Bronze Bird Palace, and as for yourself, insignificant though your family is, could you have been sure to survive? Just now my lord did not reply because he was willing to believe rather that a scholar of your abilities would understand without a detailed explanation, and I trust now that you will."

▊04 　그런데 자경의 주인은 어떻소? 전당현(錢塘縣)의 낮은 관리의 아들로 나라를 위해 세운 공덕은 아무것도 없소. 그저 현재 세력이 강한 덕에 6군 81현을 사실상 차지하고도 만족하지 못해 나라를 몽땅 삼키려 하오. 한나라는 유 씨의 땅인데 우리 주공은 유 씨이면서도 땅이 없으신 반면 그대의 주인은 손 씨임에도 우리 주공과 따지고 싸우려 하시오. 게다가 적벽의 전투에서 우리 주공께서는 눈부신 활약을 벌이시어 큰 공을 세우셨으며 우리 장수들도 목숨을 걸고 싸웠으니 적벽의 승리가 오로지 오군만의 힘으로 된 것이겠소? 공근에게 결정적인 도움을 주었던 동남풍을 내가 일으키지 않았더라면 공근이 일을 제대로 할 수나 있었겠소? 강남이 정벌 당했더라면 자경도 잘 아는 두 미녀(이교 二喬)도 지금쯤 동작대의 아름다움이나 더해주고 있을 것이고 자경의 집안 역시 비록 세가(勢家)는 아니지만 살아남을 수 있었겠소? 지금 우리 주공께서 대답을 안 하시는 것은 자경 정도의 석학이라면 이런 상세한 설명 없이도 이해하리라 믿으시기 때문이며 나 역시 그렇게 믿소."

▊04 **so far as A is concerned** A에 관한 한　**whet A till ~** ~일 때까지 A(욕망, 흥미 등)를 돋우다[자극하다]　**insatiable appetite** 만족할 줄 모르는 식욕[욕망]　**dispute with A** A와 논쟁하다[다투다]　**acquire great merit** 큰 공을 세우다　**grace A** A를 아름답게 꾸미다　**insignificant though A is** 비록 A가 사소하지만

This speech absolutely shut the guest's mouth for a time and he said no word in reply. But after an interval, he said, "What you say, KongMing, has some truth to it, but it puts me in an awkward position."

"How is that?" asked ZhuGeLiang.

The guest replied, "When Uncle Liu was in serious straits at DangYang, I conducted you across the river and introduced you to my lord. I opposed GongJin when he was going to capture JingZhou, and then it came about that the place was to be ours, when the young man died. And I pledged myself to that. Now how can I go back and say you break your promise? Both my lord and GongJin will hold me guilty. I would not mind death so much, but I fear that my master will be very wrathful and make war on the Imperial Uncle, who will have no place of refuge and he will look ridiculous in the eyes of the world for no reason."

05 제갈량의 말에 말문이 막힌 노숙은 한동안 입을 열지 못하다가 한참이 지나 말했다. "공명의 말에도 일리가 있지만 그렇게 되면 내 입장이 아주 난처해지오."

"어째서 그렇소?" 제갈량이 물었다.

노숙이 대답했다. "유 황숙께서 당양에서 위험에 처하셨을 때 내가 공을 이끌어 강을 건너 우리 주공을 뵙게 했소. 공근(주유)이 형주를 치려 했을 때도 내가 말렸고 유기 공자가 죽게 되면 형주가 우리의 것이 된다는 것도 그때 나온 말이었소. 그래서 내가 보증인이 되었소. 그런데 어떻게 그냥 돌아가 공이 약속을 지키지 않는다고 말하겠소? 우리 주공과 공근이 모두 나에게 죄를 물을 것이오. 죽는 것은 두렵지 않으나 주공께서 크게 노하시어 유 황숙을 상대로 전쟁을 일으키면 갈 데가 없는 황숙은 아무 이유 없이 천하의 웃음거리가 되실까 걱정이오."

---

05 **interval** (시간이나 장소의) 간격 **put A in an awkward position** A를 난처한 입장에 처하게 하다 **be in serious straits** 심한 곤경에 처하다 **come about** 일어나다(=happen) **make war on A** A에 대해 전쟁을 일으키다 **look ridiculous in the eyes of A** A의 눈에 우스꽝스럽게 보이다 **for no reason** 아무 이유도 없이

ZhuGeLiang replied, "I don't care for CaoCao with his million troops and the Emperor in name at his back, and do you think I fear such a greenhorn as your ZhouYu? However, as it may cause you some loss of consideration, I will try to persuade my master to put the matter in writing and give you a paper to the effect that he is temporarily occupying JingZhou as a base and when he obtains possession of some other area, this will be returned to you. What do you think Wu would say to this?"

"What other place do you expect to obtain?" asked LuSu.

"My master can scarcely think of attacking the capital yet, but LiuZhang in XiChuan (another name of YiZhou) is ignorant and weak and my master will attack him. If he gets the area, then this place will be given up to you."

LuSu had no alternative and accepted the offer. LiuBei with his own hand wrote the pledge and signed the document. ZhuGeLiang being named as guarantor also put his signature on the paper.

"Since I belong to this side of the compact and one can hardly have a guarantor of the same party, I would trouble you, ZiJing, also to sign. It will look better when you reach Wu again," said ZhuGeLiang.

LuSu said, "I know that your master is perfectly honorable and will adhere to the bargain."

■06 　제갈량이 대답했다. "내가 황제의 이름을 등에 업고 100만 대군을 부리는 조조도 신경쓰지 않는데 주유 같은 풋내기를 두려워할 거라 생각하시오? 하지만 공의 체면에 누가 될지도 모른다니 내가 우리 주공께 간청하여 형주를 잠시 차지하여 발판으로 삼았다가 다른 지역을 얻게 되면 형주를 돌려주겠다는 취지의 문서를 작성하여 공에게 주시도록 하겠소. 오가 이 제안을 어떻게 받아들이리라 보시오?"

"다른 지역 어디를 차지할 생각이시오?" 노숙이 물었다.

"우리 주공께서 아직 허창을 공략할 생각은 하시기 어렵소. 하지만 서천(익주의 다른 이름)의 유장(劉璋)이 분별력이 없고 세력이 약하니 우리 주공께서 공략하실 것이오. 주공께서 그 땅을 얻으시면 형주를 돌려드리겠소."

■07 　다른 대안이 없었던 노숙은 이 제안을 받아들일 수밖에 없었다. 유비는 직접 서약서를 쓰고 서명했다. 제갈량도 보증인으로 역시 서류에 서명했다.

"나는 우리 주공의 편에 속하는데 계약에서 같은 편의 사람 하나만으로 보증인을 삼을 수는 없소. 번거롭겠으나 자경도 서명하시오. 그 편이 오에 돌아가셔서도 보기에 좋을 것이오." 제갈량이 말했다.

노숙이 말했다. "나는 황숙께서 지극히 올바른 분이라 계약 내용을 지키실 것을 아오."

■06 **care for A** A를 염려[걱정]하다　**greenhorn** 풋내기　**loss of consideration** 체면[존중]의 상실　**put A in writing** A를 글로 쓰내[분서화하다]　**to the effect that ~** ~이라는 취지로　**obtain possession of A** A를 소유하다

■07 **alternative** 대안　**sign A** A에 서명하다　**guarantor** 보증인　**put one's signature on A** A에 서명하다　**compact** 협정, 협약　**trouble A to V** A에게 폐[수고]를 끼쳐 V하게 하다　**adhere to A** A를 지키다[고수하다], A에 충실하다　**bargain** 계약

Chapter 54　283

And so he signed. Then he received the document and took his departure. He was sent off with every mark of great respect, both LiuBei and ZhuGeLiang attending him to his boat. There the adviser delivered him a parting exhortation, "When you see your master, speak discreetly and explain fully so as not to create a bad impression. If he rejects our document, we may get angry and we will take his whole country. The one thing now is for our two houses to live in harmony and not give our common enemy an opportunity against us."

LuSu went down into his ship. He reached ChaiSang and there saw ZhouYu, who asked, "Well, how did you speed with your demand for JingZhou?"

"Here is the document," said LuSu, giving it to ZhouYu to read.

"You have been victimized by ZhuGeLiang," said ZhouYu, stamping his foot with irritation. "In name, it may be temporary occupation but in fact it is humbug. They say the place is to be returned when they get XiChuan. Who knows when that will be? Suppose ten years; then it will be ten years before they give us JingZhou. What is the use of such a document as this? And you are a guarantor of its due performance! If they don't give us the city, you get into trouble. Suppose our lord finds you in the wrong, what then?"

08　노숙 역시 이렇게 서명한 후 서약서를 받아들고 길을 떠났다. 유비와 제갈량은 노숙을 배까지 배웅하면서 최대한 예의를 다했다. 나루터에서 제갈량이 노숙과 헤어지면서 당부의 말을 했다. "공이 돌아가서 오후를 뵙게 되면 신중하게 말씀을 전하시고 나쁜 인상을 주지 않도록 자세히 설명해드리시오. 만약 오후께서 문서를 거부하시면 우리가 화를 내어 강남 전체를 차지해버릴 것이오. 지금 분명한 것은 두 집안이 사이좋게 지내면서 조조에게 기회를 주지 않아야 한다는 것이오."

09　노숙은 배에 올라 시상으로 가서 주유를 만났다. 주유가 말했다. "형주를 얻으러 가신 일은 어떻게 되었소?"

"여기 문서가 있소." 주유가 읽어볼 수 있도록 서약서를 주며 노숙이 말했다.

"자경은 제갈량에게 속았소." 주유가 성이 나서 발을 구르며 말했다. "명목상으로야 잠시 차지한다고 하지만 사실은 속임수요. 서천을 차지하게 되면 땅을 돌려주겠다 말하지만 그게 언제가 될지 누가 알겠소? 10년이라 치면 10년이 지나야 형주를 돌려주겠다는 소리요. 이런 서류가 무슨 소용이 있소? 더구나 자경은 문서의 보증인이니 그들이 성을 내주지 않으면 자경이 곤란하게 되오. 주공께서 자경이 잘못했다고 하시면 그때는 어떻게 하겠소?"

---

08 deliver A a parting exhortation A와 헤어지면서 권고의 말을 하다 cf. a parting kiss 작별의 입맞춤 **discreet** 신중한, 조심스러운, 지각 있는 **A is for B to V** A는 B가 V하는 것이다

09 **speed** (그럭저럭) 해나가다; (일 등이) 잘 되어가다 **stamp one's foot with irritation** 분노로 발을 구르다 **humbug** 사기, 속임수 **what is the use of ~?** ~이 무슨 소용인가? **find A in the wrong** A가 잘못했다고 보다

LuSu was dumbfounded. When he had somewhat recovered his self-possession, he said, "I think LiuBei will be true to me."

"You, my friend, are simple and sincere; LiuBei is a scoundrelly adventurer; And ZhuGeLiang is a slippery customer. They and you are utterly different."

"What then is to be done?" cried LuSu distressfully.

"You are my dear friend and your kindness in freely offering your store of grain to relieve my necessity is still fresh in my memory. Of course I will save you. Don't be anxious, but wait a few days till we get news of what is doing on the north of the river and then we can decide upon a plan."

10 노숙은 얼이 빠졌다가 어느 정도 정신을 되찾자 말했다. "유비가 나를 저버리지 않을 것이오."

"자경은 단순하고 진실한 사람이나 유비는 지독한 악당이고 제갈량은 간사한 녀석이라 공과는 질적으로 다르오."

"그럼 어떻게 해야 하오?" 애가 탄 노숙이 외쳤다.

"자경은 내 친구요. 내가 곤궁할 때 고맙게도 곳간을 털어주셨던 일이 아직도 기억에 생생하니 내가 당연히 자경을 구해줄 것이오. 걱정하지 말고 며칠 기다렸다 강북의 사정을 알아본 뒤에 어떻게 할지 결정합시다."

---

10 **dumbfounded** 아연실색한, (충격 등으로 일시적으로) 말을 못하는 **recover one's self-possession** 냉정을 되찾다 **scoundrelly** 부도덕한, 악당의 **adventurer** 수단방법을 가리지 않고 목적을 성취하려는 사람 **slippery** (사람이) 믿을 수 없는, 교활한 **customer** 놈, 녀석 **distressful** 비참한, 괴로운 **relieve A's necessity** A의 궁핍을 구제하다 **be fresh in A's memory** A의 기억에 생생하다 **get news of what is doing on ~** ~에서 일이 어떻게 되고 있는지에 대한 소식을 얻다 **decide upon A** A를 고르다[정하다]

■ 11   LuSu passed some very uneasy days. Then the scouts came back and said, "In JingZhou everything seemed in excellent order and the flags were flying everywhere, while outside the city they were building a magnificent mausoleum for Lady Gan, wife of LiuBei. All the soldiers were in mourning."

When ZhouYu knew who was dead, he said to his friend, "My scheme is made. You will see LiuBei just stand still to be bound and we will get JingZhou like turning a hand."

"What is the mainspring of your plan?" asked LuSu.

"LiuBei will want to remarry and our lord has a sister. She is a veritable amazon, whose women guards number many hundreds, all armed with weapons of war. Her apartments are also full of such things. I will write to our lord to send an intermediary to arrange that the lady will wed LiuBei at her family home and thus we will entice him to NanXu. But instead of marrying a wife, he will find himself a prisoner, and then we will demand JingZhou as ransom. When they have handed over the city, I will find something else to say and nothing will fall on your head."

LuSu was very grateful. Then ZhouYu wrote letters to his master and a swift boat was chosen to take LuSu to see the Marquis of Wu.

11　노숙이 불안한 며칠을 보내는데 염탐꾼들이 와서 보고했다. "형주는 모든 게 질서정연한 듯 하였고 깃발들이 사방에서 펄럭이고 있었습니다. 그런데 유비의 아내인 감 부인을 위해 성 밖에 거대한 무덤을 짓고 있고 모두가 상복을 입었습니다."

누가 죽었는지 알게 된 주유가 노숙에게 말했다. "내 계책은 정해졌소. 자경은 유비가 꼼짝 못하고 묶이는 것을 보게 될 것이오. 우리는 형주를 손바닥 뒤집듯 쉽게 얻을 것이오."

"그 계책의 핵심이 뭐요?" 노숙이 물었다.

"유비는 재혼하려고 할 텐데 우리 주공께 누이가 한 분 있소. 참으로 여장부라 호위 시녀들이 수백에 달하는데 모두 무장을 하고 있고 방에도 병장기를 가득 채워두는 분이오. 내가 주공께 글을 올려 중매인을 보내 이 누이가 친정에서 유비와 결혼식을 올리도록 주선하시게 하여 유비를 남서로 꾀어들일 것이오. 물론 유비는 신부를 얻는 것이 아니라 사로잡히게 될 것이고 그때 우리는 유비의 몸값으로 형주를 요구하는 것이오. 형주를 되찾게 되면 내가 따로 말씀을 드려 자경의 목이 무사하게 하겠소."

노숙이 무척 고마워했다. 주유는 곧장 손권에게 보내는 편지를 쓰고 빠른 배를 골라서 노숙을 태워 오후를 만나게 했다.

---

11 **mausoleum** (웅장한) 무덤, 묘 **be in mourning** 상중이다, 애도하다 cf. mourning 상복; 애도(의 표시) **stand still to be bound** 가만히 서서 묶이다 **mainspring** 원동력, 추진력; 시계의 큰 태엽 **veritable** 참다운, 진실한 **amazon** 여장부, 여걸 **intermediary** 중매자 **entice A to B** A를 B로 꾀어들이다 **ransom** 몸값

⬛12   After the lending of JingZhou had been discussed, LuSu presented the document given him by LiuBei.

"What is the use of such nonsense as this?" cried SunQuan, when he had read it.

"There is another letter from Supreme Commander ZhouYu and he says that if you will employ his scheme, you can recover JingZhou," replied LuSu.

Having read that letter, the Marquis was more pleased and began to consider who was the best man to send. Suddenly he cried, "I have it; LuZiHeng (LuFan) is the man to send."

⬛13   He called LuFan and said to him, "I have just heard that LiuBei has lost his wife. I have a sister whom I would like to marry to him and so make a bond of union between our two houses. Thus we would be united against CaoCao and in support of the House of Han. You are the one man to be intermediary and I hope you will go to JingZhou and see to this."

Under these orders, LuFan at once began to prepare his ships for the voyage and soon started.

▓▓ 12   형주를 빌려주는 일을 이야기한 후 노숙이 유비에게서 받은 문서를 손권에게 바쳤다.

"이따위 엉터리 문서가 무슨 소용이오?" 서약서를 다 읽은 손권이 소리쳤다.

"주 대도독이 보내는 편지가 하나 더 있습니다. 주공께서 그의 계책을 쓰시면 형주를 되찾으실 수 있다고 합니다." 노숙이 대답했다.

주유의 편지를 읽어본 손권은 무척 기뻐하며 누가 중매인으로 적임인지 생각하다가 별안간 외쳤다. "됐다. 여자형(여범)이 적임자다."

▓▓ 13   그는 여범을 불러 말했다. "듣자하니 유비가 아내를 잃었다 하오. 나에게 누이가 하나 있으니 그에게 배필로 주어 두 집안을 이을까 하오. 그렇게 되면 함께 조조에 맞서 한황실을 받들게 될 것이오. 공이 중매인으로 적임이니 형주로 가서 일을 처리해주기 바라오."

손권의 명령을 받은 여범은 즉시 배를 준비하여 얼마 뒤 출발했다.

▓▓ 13 **marry A (off) to B** A를 B와 결혼시키다

14 LiuBei was greatly distressed at the death of Lady Gan, fretting for her day and night. One day when he was talking with his adviser, they announced the arrival of LuFan, who had come on a mission from Wu.

"One of ZhouYu's devices," said the adviser smiling, "and it is all on account of this city. I will just retire behind the screen and listen. But you, my lord, agree to whatever the messenger proposes. Then let the messenger be taken to the guest-house while we arrange what is to be done."

15 So the envoy was introduced. Bows having been exchanged, host and guest being seated in due order and the tea drunk, LiuBei opened the interview.

"You must have some commands for me, Sir, since you come thus."

"News has just been received that you, O Imperial Uncle, have just been bereaved of your consort. I venture to hope you would not object to an advantageous match and I have come to propose one. Are you disposed to listen?"

"To lose one's wife in middle age is truly a great misfortune," said LiuBei. "While her body is still warm, I can't listen to proposals for another marriage."

■14　유비는 감 부인이 죽은 후 밤낮으로 그녀를 그리워하며 크게 상심해 있었다. 하루는 유비가 제갈량과 이야기를 나누고 있는데 시종들이 여범이 도착했으며 오의 사절로 왔다고 알려왔다.

"주유의 계책입니다." 제갈량이 웃으며 말했다. "모두 형주 때문이지요. 저는 병풍 뒤로 물러나 듣겠습니다. 주공께서는 여범이 무슨 말을 하든 다 승낙해주십시오. 나중에 여범을 역관으로 돌려보내신 다음 어떻게 할지 정하면 됩니다."

■15　여범이 안내되어 들어왔다. 인사를 서로 교환한 뒤 유비와 여범은 서열에 맞게 자리에 앉아 차를 마셨다. 유비가 먼저 입을 열었다.

"공이 오신 걸 보니 뭔가 나에게 가르쳐 주실 게 있는 게 분명하오."

"황숙께서 부인을 잃으셨다는 소식을 들었습니다. 감히 좋은 혼처를 꺼리시지 말기를 바라는 마음에서 중매를 설까 하고 왔습니다. 들어보시렵니까?"

"중년에 아내를 잃는 것은 정말 큰 불행이나," 유비가 말했다. "아내의 몸이 아직도 따뜻한데 어떻게 재혼 중매를 받을 수 있겠소?"

■14 **fret for A** A때문에 안달나다 **on account of A** A 때문에 **agree to ~** ~에 동의하다

■15 **be bereaved of A** (가족이나 벗인) A를 잃다 **advantageous match** 좋은 혼처 **be disposed to V** V하고 싶은 마음이 들다

LuFan said, "A man without a wife is like a house without a ridge pole. At your age, one should not live an incomplete life. I have come on the part of the Marquis of Wu, who has a sister, beautiful as she is accomplished and well fitted to be a mate for you. Should the two families become allied as formerly were Qin and Jin, then that ruffian CaoCao would never dare so much as look this way. Such an alliance would be to the benefit of both our houses and of the empire. I hope, O Imperial Uncle, that you will fairly consider the proposal. However since the young girl's mother is dotingly fond of her, she doesn't wish her to go far away, and so I must ask you to come into our country for the wedding."

"Does the Marquis know of your coming?"

"How dare I come without his knowledge?" said LuFan.

"I am no longer young," said LiuBei. "I am almost fifty and grizzled. This fair damsel, the sister of the Marquis, is now in the flower of her youth and no mate for me."

"Although the damsel is a woman, yet in mind she surpasses many a man, and she has said she will never wed anyone who is unknown to fame. Now, Sir, you are renowned throughout the four seas. Marriage with you would be the chaste maiden mating with the born gentleman. Of what consequence is the difference in age?"

"Sir, stay here awhile and I will give you a reply tomorrow," said LiuBei.

16 여범이 말했다. "남자에게 아내가 없는 것은 집에 용마루가 없는 것과 같으니 황숙의 연세에 이렇게 반쪽 삶을 사실 수는 없습니다. 저는 오후를 대변하여 왔습니다. 오후께는 누이가 한 분 있는데 미모와 재능을 겸비하시어 황숙의 배우자가 될 만합니다. 두 집안이 옛날 진(秦)나라와 진(晉)나라처럼 결혼으로 하나가 된다면 역적 조조가 감히 이쪽을 넘보는 따위의 짓은 하지 못할 것입니다. 이런 동맹 관계는 양 집안과 나라 모두에 이득이 될 것이니 황숙께서는 적극 고려해 보시기 바랍니다. 그런데 누이의 어머니인 국태부인께서 딸을 지극히 사랑하시는지라 멀리 보내려 하지 않으시니 황숙께서 오로 오시어 결혼해주셔야 합니다."

"오후께서도 공이 여기 오신 것을 알고 있소?"

"오후께서 모르신다면 제가 어떻게 감히 여기에 오겠습니까?" 여범이 대답했다.

"나는 더 이상 젊은이가 아니오." 유비가 말했다. "나이는 오십에 가깝고 머리는 반백(斑白/頒白)이 다 됐는데 오후의 누이는 이제 활짝 피어난 어린 처녀이니 나에게 맞는 짝이 아니오."

"오후의 누이가 비록 여자이긴 하나 기상은 뭇 사내들보다 나아서 영웅이 아니면 결혼하지 않겠다고 늘 말씀하셨습니다. 황숙께서는 사해에 널리 알려진 영웅이시니 황숙과의 결혼은 숙녀가 군자와 짝을 짓는 일입니다. 나이 차이가 대수겠습니까?"

"공이 잠시 이곳에 머물러 주시면 내일 답변을 드리겠소." 유비가 말했다.

---

16 **ridge pole** (지붕의) 용마루: 지붕 정면 가로로 보이는 가장 높은 수평 마루 **beautiful as she is accomplished** 아름답고 재주도 있는, 재주 있는 만큼이나 아름다운 **be to the benefit of ~** ~에 이익이다 **dotingly** 맹목적으로 사랑하는 **grizzled** 반백의, 희끗희끗한 **damsel** 처녀 **be in the flower of one's youth** 한창나이이다, 한창 젊을 때이다 **chaste maiden** 숙녀 **mate with A** A와 짝을 짓다 **consequence** 중요성 **awhile** 얼마[잠시] 동안

So that day the envoy was entertained at a banquet and then conducted to the guest house to repose, while, late as it was, LiuBei and ZhuGeLiang discussed their plans.

"I knew what he had come about," said the adviser. "While he was talking, I consulted the oracle and obtained an excellent sortilege. Therefore you may accept the proposal and send GongYou (SunQian) back with this envoy to arrange the details. When the promise has been ratified, we will choose a day and you will go to complete the ceremony."

"How can I thus go into enemy territory? ZhouYu has wanted to slay me for a long time," said LiuBei.

"Let ZhouYu employ all his ruses; do you think he can get beyond me? Let me act for you and his calculations will always fail halfway. Once SunQuan's sister is in your power, there will be no fear for JingZhou."

17 그날 여범에게 연회를 베풀어 대접하고 역관으로 안내하여 쉬게 하는 한편 밤이 늦긴 했으나 유비와 제갈량은 계획을 논의했다.

"여범이 왜 왔는지 저는 이미 알고 있었습니다." 제갈량이 말했다. "그가 말하는 와중에 점을 쳐보니 아주 좋은 점괘가 나왔습니다. 그러니 주공께서는 제안을 받아들이시고 공우(손건)를 여범과 함께 보내 세부사항을 정하게 하십시오. 결혼 약속이 승인되면 날짜를 정해 가서서 식을 올리시면 됩니다."

"적의 땅으로 어찌 들어가겠소? 주유가 나를 죽이려고 한지 오래요." 유비가 말했다.

"주유가 하고 싶은 대로 하게 놔두십시오. 주유가 저를 능가하리라 생각하십니까? 제가 수를 쓰면 주유의 간계들은 전부 중도에 실패하게 될 겁니다. 일단 손권의 누이가 주공의 짝이 되면 형주를 잃을 염려도 없게 됩니다."

---

17 repose 쉬다 late as it was 비록 늦었지만 obtain an excellent sortilege 훌륭한 점괘를 얻다 cf. sortilege (제비로) 점치기; 마법 ratify 승인하다, 인가하다, 비준하다 get beyond A A를 능가하다

▪18 　　Still LiuBei doubted in his mind. However, the messenger was sent to Wu, with definite instructions, and travelled there with LuFan. At the interview, SunQuan said, "It would be my greatest pleasure to see LiuXuanDe and my sister pledge their eternal love to each other. I say this in all sincerity and I guarantee that he will come to no harm."

　　SunQian took his leave, and returning to JingZhou, he told the bridegroom elect that SunQuan's sole desire was for him to go over and complete the marriage.

▪19 　　However, LiuBei feared and would not go. ZhuGeLiang said, "I have prepared three plans but I need ZhaoZiLong to carry them out. Therefore he must go as your guard, Sir." So ZhuGeLiang called in ZhaoYun, gave him three silken bags and whispered in his ear, saying, "Here are three schemes enclosed in three bags. When you escort our lord to Wu, you will take these with you and act as they direct."

　　ZhaoYun hid the three silken bags in his breast so that they would be at hand when required.

　　ZhuGeLiang next sent the wedding gifts, and when these had been received, the preliminaries were settled.

18 　유비는 여전히 의심이 가시지 않았다. 하지만 제갈량은 손건에게 단단히 일러 여범과 함께 오로 가게 했다. 손건을 맞이한 손권이 말했다. "유현덕 공과 내 누이가 백년 가약을 맺게 된다면 그보다 더 기쁜 일이 어디 있겠소? 내 뜻에는 한 점의 거짓도 없으며 현덕 공이 해를 입는 일은 없을 것임을 보장하오."

　손건은 작별하고 형주로 돌아와 유비에게 손권이 바라는 것은 유비가 오로 와서 혼인을 올리는 것이라 전했다.

19 　그러나 유비가 두려워하며 가지 않으려고 하자 제갈량이 말했다. "제가 세 가지 계책을 준비했는데 실행에 옮길 사람으로 조자룡이 필요합니다. 그러니 자룡이 주공의 호위무사로 가야 합니다." 제갈량은 조운을 불러 비단 주머니 세 개를 주고 귀엣말로 말했다. "주머니에 세 가지 계책이 들어 있소. 주공을 오로 호위할 때 주머니들을 지니고 있다가 쓰여 있는 대로 하시오."

　조운은 비단 주머니 세 개를 품에 감춰 필요할 때 바로 꺼내볼 수 있도록 했다.

　다음으로 제갈량은 결혼 선물을 보냈고 오에서 선물을 받음으로써 예비 단계가 마무리되었다.

---

18 **pledge their eternal love to each other** 서로에게 영원한 사랑을 맹세하다, 즉 백년 가약을 맹세하다 **come to harm** 해를 당하다, 호되게 당하다 **bridegroom elect** 예비 신랑

19 **whisper in A's ear** A의 귀에 속삭이다 **be at hand when required** 필요할 때 가까이에 있다 **preliminary** 예비 단계, 준비 단계

▪20   It was then the early winter of the fourteenth year of Established Serenity (CE 209) and the bridegroom elect, his escort and the intermediary left JingZhou with a fleet of ten fast ships to sail down the river to NanXu. ZhuGeLiang remained to guard and rule the city.

But LiuBei was far from feeling comfortable. They arrived and the ships were made fast. This done, the time had come for the first of the silken bags to be opened. And so it was; and thereupon ZhaoYun gave each of his five hundred soldiers his instructions and they went their several ways. Next he told LiuBei what he was to do; that he was to pay his visit first to State Elder Qiao, who was the father-in-law of SunCe and of ZhouYu. He resided in NanXu and to his house, leading sheep and bearing wine jars, went the bridegroom elect.

Having made his obeisance, LiuBei explained that as LuFan had arranged, he had come to marry a wife.

▪21   In the meantime the five hundred soldiers of the escort, all in gala dress, had scattered over the town buying all sorts of things, as they said, for the wedding of LiuBei with the daughter of the House of Wu. They spread the news far and wide and the whole town talked about it.

20 때는 건안 14년(CE 209) 초겨울이었다. 유비는 호위부대와 손건을 거느리고 형주를 떠나 10척의 빠른 배에 올라타고 강을 따라 남서로 향했다. 제갈량은 뒤에 남아 형주를 지키며 다스렸다.

유비는 여전히 안심이 되지 않았다. 남서에 도착하여 배들을 매어놓는 일이 끝나자 첫 번째 비단 주머니를 열어볼 시간이 되었다. 주머니를 열어본 조운이 500 호위병들 각각에 지시를 내리자 모두들 흩어졌다. 다음으로 조운은 유비가 할 일을 보고했다. 손책과 주유의 장인인 교 국로(喬國老)를 제일 먼저 찾아가는 일이었다. 교 국로는 남서에 살고 있었으므로 유비는 양들을 이끌고 술병들을 지고 찾아갔다.

정중한 인사를 올린 후 유비는 여범이 중매를 선 덕에 아내를 맞이하러 왔다고 말했다.

21 한편 500의 군사들은 모두가 축제복으로 갈아입고 성의 곳곳으로 흩어져 각종 물품을 사들이면서 유비가 동오 집안의 딸과 결혼한다는 소식을 사방으로 퍼뜨려 성 안의 모든 사람들이 결혼을 화제로 삼게 되었다.

---

20 be far from ~ing 결코 ~이 아니다 be made fast (배가) 매어지다, 고정되다, 고착되다

21 gala dress 축제복

22　　When SunQuan heard of LiuBei's arrival, he bade LuFan wait upon LiuBei and take him to the guest-house. Meanwhile State Elder Qiao went to the Dowager Marchioness of Wu, mother of SunQuan*, to congratulate her on the happy event.

"What happy event?" asked the old lady.

"The betrothal of your beloved daughter to LiuXuanDe. And he has arrived too, as surely you know."

"My poor old self doesn't know," said the Dowager, "I have heard nothing of all this."

23　　She at once summoned her son and also sent her servants out into the town to see what was going about. They quickly returned to say, "The whole town knows of the coming wedding, and the bridegroom is now at the guest-house. Moreover, he has come with a large escort and the men are spending freely, buying pork and mutton and fruits, all in readiness for the wedding feasting. LuZiHeng (LuFan) and SunGongYou (SunQian) are the intermediaries on each side, and they are in the guest-house too."

22　　유비가 도착했다는 소식을 들은 손권은 여범에게 명령해 유비를 맞이하여 역관으로 안내하게 했다. 한편 교 국로는 손권의 어머니*인 오 국태를 찾아가 경사가 생긴 것을 축하했다.

"경사라니요?" 오 국태가 물었다.

"사랑스러운 따님과 유현덕의 약혼말입니다. 현덕이 도착해 있으니 국태께서도 분명 아실 텐데요."

"이 늙은 몸은 모릅니다." 오 국태가 말했다. "그런 말은 들어본 적이 없습니다."

　　23　　그녀는 즉시 손권을 부르는 한편 하인들을 성 안으로 내보내 어떻게 된 일인지 알아보게 했다. 하인들이 곧 돌아와 보고했다. "결혼 소식을 모르는 백성들이 없습니다. 신랑은 현재 역관에 머물고 있는데 그가 데려온 많은 수행 군사들이 돼지고기, 양고기, 과일 등 결혼 연회에 필요한 것들을 아낌없이 사들이고 있습니다. 양편의 중매쟁이는 여자형(여범)과 손공우(손건)이며 그들도 역관에 묵고 있습니다."

---

22 **wait upon A** A를 응대하다, 기다리다; 시중들다 **congratulate A on B** A에게 B를 축하하다 **betrothal of A to B** A와 B의 약혼
*mother of SunQuan 손권의 어머니; 손권의 친모는 손건의 첫째 아내 오 태부인이며 오 국태는 오 태부인의 누이동생으로 손건의 둘째 부인이다.

23 **spend freely** 아낌없이 쓰다 **pork and mutton** 돼지고기와 양고기

24 The Dowager was terribly taken aback and upset so that, when SunQuan arrived, he found his mother beating her breast and weeping bitterly.

"What has disturbed you, mother," asked he.

"What you have just done," said she. "You have treated me as a nonentity. When my elder sister lay dying, what did she tell you?"

SunQuan began to be frightened, but he said boldly, "Please speak out plainly, mother; what is this great sorrow?"

"When a son is grown, he takes a wife, and when a girl is old enough, she goes to her husband. And that is right and proper. But I am the mother and you ought to have sought my approval first for the wedding of your sister to LiuXuanDe. Why did you keep me in the dark? It was my place to promise her in marriage."

"Where does this story come from?" asked the Marquis, really much frightened.

"Do you pretend ignorance? There is not a soul in the city who does not know! But you have succeeded in keeping me in the dark."

"I heard it several days ago," said State Elder Qiao. "And I came just now to offer my felicitations."

"There is no such thing," said SunQuan. "It is just one of the ruses of GongJin (ZhouYu) to get hold of JingZhou. He has used this means to inveigle LiuBei here and hold him captive till JingZhou is restored to us. And if they will not give it back, then LiuBei will be

24

대경실색한 오 국태는 몹시 기분이 상했다. 손권이 왔을 때 그녀는 이미 가슴을 치며 비통한 눈물을 쏟고 있었다.

"어머니, 왜 이렇게 슬퍼하십니까?" 손권이 물었다.

"네가 나한테 저지른 일 때문이다." 오 국태가 말했다. "네가 나를 아예 없는 사람 취급을 하는구나. 내 언니가 돌아가실 때 너에게 뭐라 하셨더냐?"

손권은 더럭 겁이 나기 시작했으나 대담하게 말했다. "알아듣기 쉽게 말씀해주십시오, 어머니. 왜 이토록 슬퍼하십니까?"

"남자가 자라면 아내를 얻고 여자가 성숙하면 시집을 가는 법이니 이는 올바르고 마땅한 일이다. 나는 네 어미이니 네 누이와 유현덕의 결혼 문제는 내 허락을 먼저 얻었어야 당연한데 어째서 아무 말도 해주지 않았느냐? 딸을 시집보내기로 약속하는 것은 어미인 내가 할 일이었다."

"그 말을 어디에서 들으셨습니까?" 손권이 질겁하여 물었다.

"모르는 척할 거냐? 성 안에서 모르는 사람이 하나도 없는데 나만 용케 속았더구나."

"나도 며칠 전에 소식을 들었소." 교 국로가 끼어들었다. "그래서 축하를 드리러 지금 온 것이오."

"그런 게 아닙니다." 손권이 말했다. "이것은 형수를 차지하려는 공근(주유)의 계책 중 하나일 뿐입니다. 유비를 이곳으로 끌어들인 후 형주를 되돌려 받을 때까지 사로잡아두고 만약 저들이 형주를 돌려주지 않으면 유비의 목을 자르자는 계책입니다. 진짜 결혼이 아닙니다."

---

24 **be taken aback** 깜짝 놀라다 **nonentity** 존재하지 않는 것; 보잘것없는 것[사람] **keep A in the dark** A는 모르게 하다, A는 모르는 상태로 두다 **promise** 딸을 시집보내기로 약속하다 **soul** 사람; 영혼 **offer one's felicitations** 축하하다 **inveigle A** A를 (장소에) 유인하다 **hold A captive** A를 붙잡아 두다

Chapter 54

put to death. That is the plot. There is no real marriage."

But the Dowager was in a rage and vented her wrath in abusing ZhouYu. "He is a pretty sort of a governor over the eighty-one counties, if he can't find any means of recovering one city except making use of my child as a decoy. Truly this is a fine deed to spoil the whole of my child's life and condemn her to perpetual widowhood because he wants to use the fair damsel as a ruse to slay a man! Who will ever come to talk of marriage with her after this?"

State Elder Qiao said, "By this means you may indeed recover JingZhou but you will be a shameful laughing stock to all the world. What can be done?"

SunQuan had nothing to say; he could only hang his head, while the Dowager abused his Supreme Commander.

State Elder Qiao tried to soothe her. "After all, Liu, Imperial Uncle, is a scion of the reigning family. You can do nothing better now than to welcome him as a son-in-law and not let this ugly story get abroad."

"I am afraid their ages don't match," interposed SunQuan.

"LiuXuanDe is a very famous man," said State Elder Qiao. "There can be no shame in having such a son-in-law."

"I have never seen him," said the Dowager. "Arrange that I may get a look at him tomorrow at the Gentle Dew Temple. If he displeases me, you may work your will on him. But if I am satisfied with him, then I will simply let the girl marry him."

■25 　그러나 오 국태는 불같이 성을 내며 주유에게 욕설을 퍼부었다. "주유는 81개 고을의 대도독인데도 성 하나를 얻자고 내 딸아이를 미끼로 삼는 계책밖에는 생각을 못해내니 참으로 훌륭한 놈이로구나. 그 아이의 인생을 망쳐 평생 과부로 만드니 참으로 잘하는 짓이다. 내 딸을 이용한 미인계로 사람을 죽이려 했으니 앞으로 누가 그 아이와 혼인하려 하겠느냐?"

　교 국로가 거들었다. "이 계책으로 정말 형주를 얻게 된다 하더라도 천하의 비웃음거리가 될 것이오. 그때는 어떻게 하겠소?"

■26 　할말이 없어진 손권은 고개를 떨구었고 오 국태는 쉬지않고 주유를 저주했다.

　교 국로가 그녀를 달래며 말했다. "어쨌거나 유 황숙은 한황실의 종친이니 그를 사위로 맞이하시고 이번 일이 새나지 않도록 하는 게 최선의 길입니다."

　"나이 차이가 많아 어울리지 않을 겁니다." 손권이 끼어들었다.

　"유현덕은 당대의 영웅이오." 교 국로가 말했다. "그런 사위를 두는데 부끄러울 일은 없소."

　"내가 그를 본 적이 없으니," 오 국태가 말했다. "내일 감로사(甘露寺)에서 보도록 하자. 그가 내 마음에 들지 않으면 네 뜻대로 해도 좋다. 하지만 내 마음에 들면 사위로 삼겠다."

■25 **vent A's wrath in abusing B** B를 욕하는 것으로 A의 분노를 토해내다 **pretty** (비꼬는 말로) 훌륭한 **make use of A as a decoy** A를 미끼로 사용하다 **condemn A to B** A를 B의 상태로 몰아넣다; A에게 B의 형을 선고하다 **perpetual widowhood** 영원한 과부 **use A as B** A를 B로 사용하다 **fair damsel** 미인, 예쁜 소녀 **shameful laughing stock** 부끄러운 웃음거리

■26 **hang one's head** 머리를 떨구다 **the reigning family** 황족, 지배하는 가문 **do nothing better than to V** V하는 것이 최상이다 **let A get abroad** A가 알려지게 하다 **interpose** 끼어들다

Now SunQuan was above all things a man of filial devotion and at once agreed to what his mother said. He went out, called in LuFan and told him to arrange a banquet for the next day at the temple so that the Dowager might see the bridegroom.

"Why not order JiaHua to station some men in the wings of the temple? Then if the Dowager is not pleased, we can call them out and fall upon him," said LuFan.

Accordingly the ambush was prepared and ruffians posted to act as the Dowager's attitude might determine.

When State Elder Qiao took his leave and had reached his house, he sent to tell LiuBei, saying, "The Marquis and the Dowager Marchioness wished to see you tomorrow. So be careful."

LiuBei, SunQian, and ZhaoYun discussed their plans. ZhaoYun said, "Tomorrow it bodes rather ill than well. However, the escort will be there."

27 손권은 효성이 지극한 사람이라 어머니의 말씀에 바로 따랐다. 밖으로 나온 손권은 여범을 불러 이튿날 감로사에서 오 국태가 유비를 볼 수 있도록 연회를 준비하라 일렀다.

"가화에게 일러 절의 좌우 회랑에 군사들을 매복하면 어떻겠습니까? 국태께서 마음에 안 들어하시면 군사들을 불러 바로 덮칠 수 있습니다." 여범이 말했다.

여범의 건의에 따라 매복군이 마련되었고 칼잡이들은 국태의 태도에 따라 행동에 나설 수 있도록 배치되었다.

28 오 국태와 작별하고 집으로 돌아온 교 국로는 유비를 불러 말했다. "오후와 오 국태가 내일 공을 만나보고자 하니 주의하시오."

유비는 손건, 조운과 함께 대책을 상의했다. 조운이 말했다. "내일은 길조보다 흉조가 많습니다. 하지만 호위군들이 함께 하겠습니다."

---

27 be above all things a man of filial devotion 특히[무엇보다도] 효성이 지극한 사람이다 station A in B A를 B에 배치하다 ruffian 불한당, 깡패 post (병사, 부대를) 배치하다

28 bodes rather ill than well 길조보다는 흉조가 많다, 길하기보다는 불길하다

The next day the Dowager and State Elder Qiao went to the Temple of Gentle Dew as had been arranged. SunQuan came with a number of his strategists, and when all were assembled, LuFan was sent to the guest house to request LiuBei to come. He obeyed the summons, but as a precaution he put on a light coat of mail under his brocaded robe. His followers also took their swords upon their backs and followed close. He mounted his steed and the cavalcade set out for the temple.

At the door of the temple, he met SunQuan on whom the visitor's brave demeanor was not lost. SunQuan started to feel queasy. After they had exchanged salutations, SunQuan led LiuBei into the presence of his mother.

"Just the son-in-law for me!" said the Dowager delighted with the appearance of LiuBei.

"He has the air of an emperor and a look like the sun," remarked State Elder Qiao. "When one remembers also that his fair fame has spread over the whole earth, you may well be congratulated on getting such a noble son-in-law."

LiuBei bowed, in acknowledgment of his reception. Soon after they were all seated at the banquet in the temple, ZhaoYun entered and took his place beside LiuBei.

▪29　　이튿날 오 국태와 교 국로는 예정대로 감로사로 향했고 손권은 한 무리의 모사들을 거느리고 왔다. 모두가 모이자 손권은 여범을 역관으로 보내 유비를 청하게 했다. 유비는 부름에 응하면서 만일의 사태에 대비해 비단옷 속에 가벼운 갑옷을 받쳐 입었다. 유비의 일행들 역시 등에 칼을 차고 바짝 뒤를 따랐다. 유비가 말에 오르자 행렬이 감로사를 향해 출발했다.

　　절의 입구에서 유비를 맞이하는 손권의 눈은 유비의 당당한 태도를 놓치지 않았다. 손권은 불안한 마음이 들기 시작했다. 서로 인사를 교환한 후 손권은 유비를 오 국태에게 안내했다.

▪30　　"바로 내 사윗감이오." 유비의 모습을 본 오 국태가 기뻐하며 말했다.

　　"현덕은 황제의 기상에 태양과 같은 풍모를 갖추고 있습니다." 교 국로가 말했다. "천하에 그 명성 또한 자자하니 이런 귀한 사위를 얻으신 것은 축하드려 마땅합니다."

　　유비가 환대에 대한 감사의 표시로 절을 올렸다. 감로사의 연회석상에 모두 자리하자 조운이 들어와 유비의 곁에 섰다.

▪29 **as a precaution** 예방 조치로　**brocaded** 비단으로 짠　**demeanor** 태도; 품행　**feel queasy** 불안하다; 메스껍다

▪30 **in acknowledgment of A** A에 감사하여, A의 답례로

■ 31   "Who is this?" asked the Dowager.

"This is ZhaoZiLong of ChangShan," answered LiuBei.

"Then he must be the hero of DangYang, who saved the little AhDou."

"Yes; this is he," replied LiuBei.

"A fine captain!" said the Dowager, and she gave him wine.

Presently ZhaoYun whispered to his master, "I have seen a lot of armed ruffians hidden away in the purlieus of the temple. They can be there for no good and you should ask the Dowager to get them sent away."

■ 32   Thereupon LiuBei knelt at the feet of the Dowager and, weeping, said, "If you would slay me, let it be here."

"Why do you say this?" She asked in surprise.

"Because there are assassins in hiding in the wings of the temple; what are they there for if not to kill me?"

The Dowager wrathfully turned on SunQuan. "What are armed men doing there today when LiuXuanDe is to become my son-in-law and the pair are my son and daughter?"

31 "이 사람은 누구요?" 오 국태가 물었다.

"상산의 조자룡이라고 합니다." 유비가 대답했다.

"당양에서 아두를 구했던 그 영웅이 틀림없겠군요."

"맞습니다. 바로 그 사람입니다." 유비가 대답했다.

"참으로 장군이오." 오 국태가 탄복하며 조운에게 술을 내렸다.

이윽고 조운이 유비에게 나직이 말했다. "절의 인근에 무장한 칼잡이들이 무수히 숨어 있는 것을 보았습니다. 좋은 뜻으로 있는 무리들이 아니니 국태께 여쭈어 보내라 하십시오."

32 유비는 곧장 오 국태의 발 아래 꿇어앉더니 눈물을 흘리며 말했다. "저를 죽이시려거든 이 자리에서 죽여주십시오."

"왜 그런 말씀을 하오?" 오 국태가 놀라서 물었다.

"절의 좌우 회랑에 자객들이 숨어 있기 때문입니다. 저를 죽이시려는 게 아니라면 왜 자객들이 있겠습니까?"

오 국태가 진노하여 손권을 돌아보고 꾸짖었다. "현덕이 내 사위가 되어 내 딸과 쌍을 이뤄 나의 아들이 된 오늘 어찌하여 자객들이 설친단 말이냐?"

---

31 purlieu 변두리, 인근, 주변

SunQuan said he did not know and sent for LuFan to inquire. LuFan put the blame on JiaHua. The Dowager summoned him and upbraided him severely. He had nothing to say and she told them to put him to death. But LiuBei interceded, saying "It will do me harm to kill the general and make it hard for me to stay at your side."

State Elder Qiao also interceded and she only ordered the captain out of her presence. His men also scattered and ran like frightened rats.

By and by, strolling out of the banquet room into the temple grounds, LiuBei came to a boulder. Drawing his sword, he looked up to heaven and prayed, thinking, "If I am to return to JingZhou and achieve my intent to become a chief ruler, then may I cleave this boulder asunder with my sword, but if I am to meet my doom in this place then may the sword fail to cut this stone."

33 손권이 자기는 모르는 일이라고 발뺌하며 여범을 불러 물었다. 여범이 가화에게 뒤집어 씌우니 오 국태가 가화를 불러 호되게 나무랐다. 가화가 아무 말도 하지 못하자 그녀는 가화를 끌어내 죽이라고 명령했다. 그러자 유비가 끼어들어 말했다. "대장을 죽이시면 저에게 해가 됩니다. 제가 국태의 곁에 머물기가 어려워집니다."

교 국로도 끼어들어 말리자 그녀는 가화에게 썩 물러가라고 명하는 것으로 갈음했다. 자객들도 놀란 쥐떼처럼 흩어져 달아났다.

34 좀 시간이 흘러 유비가 잠시 연회장 밖으로 나와 보니 절의 마당에 큼직한 바위가 있었다. 유비는 칼을 뽑아들고 하늘을 우러러 마음속으로 기도했다. '제가 형주로 돌아가게 되고 패자(霸者)가 되려는 뜻을 이룰 운명이라면 칼로 이 바위를 토막낼 수 있게 하시고, 이곳에서 죽게 될 운명이라면 바위가 쪼개지지 않게 하소서.'

33 **put the blame on A** A에게 죄를 씌우다 **upbraid** 나무라다

34 **stroll out of A into B** A 밖으로 걸어나가 B로 가다 **boulder** 바위, 큰 돌 **cleave A asunder** A를 조각으로 자르다

Raising his sword, he smote the boulder. Sparks flew in all directions; and the boulder lay cleft in two. It happened that SunQuan had seen the blow and he said, "Why do you thus hate that stone?"

LiuBei replied, "I am near my fifth decade and have so far failed to rid the empire of evil; I greatly regret my failure. Now I have been accepted by the Dowager as her son-in-law, and this is a critical moment in my life. So I implored of Heaven a portent that I might destroy CaoCao as I would this boulder and restore the dynasty. You saw what happened."

"That is only to blind me," thought Sun. Drawing his own sword, he said, "and I also ask of Heaven an omen that if I am to destroy CaoCao, I may also cut this rock."

So he spoke. But in his secret heart, he prayed "If I am to recover JingZhou and extend my borders, may the stone be cut in two."

He smote the stone and it split in two. And to this day there are cross cuts in the stone, which is still preserved.

One who saw this relic wrote a poem:

■35 　칼을 들어올린 유비가 바위를 내리찍자 불꽃이 사방으로 튀면서 바위가 두 조각으로 쪼개졌다. 그때 이 장면을 우연히 보게 된 손권이 말했다. "그 바위를 왜 그렇게 싫어하시오?"

　유비가 둘러댔다. "내 나이 오십이 다 되도록 나라의 역적을 없애지 못한 것이 참으로 한스러웠는데 오늘 국태께서 사위로 받아주셨으니 인생에서 중요한 순간이오. 그래서 내가 이 바위를 쪼개듯 조조를 격파하고 나라를 바로잡을 수 있는지 알려달라고 하늘에 빌었소. 그랬더니 이렇게 되었소."

■36 　'이것은 나를 속이려는 말이다.' 이렇게 생각한 손권은 역시 검을 뽑고 말했다. "나 역시 내가 조조를 무찌를 운명이라면 이 바위를 쪼개게 해달라고 빌어보겠소."

　말은 이랬으나 손권은 속으로 이렇게 빌었다. '제가 형주를 되찾아 영토를 넓히게 된다면 바위가 두 조각나게 하소서.'

　손권이 바위를 내리치자 두 조각으로 갈라졌다. 오늘날까지 돌에는 열십자로 갈라진 자국이 남아 보존되고 있다.

　이 유적을 보고 누군가 이렇게 노래했다.

■35 **lie cleft in two** 두 개로 쪼개진 채 있다 cf. lie-lay-lain **rid A of B** A에서 B를 제거하다 **implore of A ~** A에게 ~을 간청하다 **destroy A as I would (destroy) B** 내가 B를 부수듯 A를 부수다

■36 **ask of A ~** A에게 ~을 요구하다 **split in two** 둘로 쪼개지다 **relic** 유적

> The shining blades fell and the rock was shorn through,
> The metal rang clear and the sparks widely flew.
> Thus fate then declared for the dynasties two
> And the tripartite rule there began.

Both sheathed their swords and returned hand in hand to the banquet hall. After some more courses, SunQian gave his master a warning look and LiuBei said, "I pray you to excuse me as I can't hold alcohol very well."

Therefore SunQuan escorted him to the gate. As they walked down looking at high land and rolling river spreading in glorious panorama before their eyes, LiuBei exclaimed, "Really this is the finest scene in the whole world!"

These words are recorded on a tablet in the Temple of the Gentle Dew and one who read them wrote a poem:

▨37
　　　　번쩍이는 칼날이 떨어져 바위가 갈라지고
　　　　날카로운 쇳소리 울리며 불꽃이 튀어나네
　　　　두왕조의 운명이 이렇게 분명히 정해지니
　　　　세왕국의 통치가 여기서 비롯된 것이로다

▨38　두 사람은 칼을 칼집에 넣고 손을 맞잡고 연회장으로 돌아왔다. 술이 몇 순 더 돌자 손건이 유비에게 눈짓을 보냈고 유비가 말했다. "내가 술이 세지 못해 그만 물러가야 하겠소."

　　손권이 유비를 정문까지 배웅했다. 걸어내려가면서 눈앞에 장쾌하게 펼쳐진 웅장한 산과 굽이치는 강물을 바라보던 유비가 외쳤다. "이곳은 참으로 천하제일 강산이오."

　　이렇게 해서 천하제일강산이란 글귀가 감로사의 현판에 걸리게 되었고 이를 읽은 누군가가 이렇게 노래했다.

▨37 **shear** 자르다 cf. shear-sheared-sheared or shear-shore-shorn **tripartite rule** 삼국으로 갈라진 통치

▨38 **sheathe** (칼을) 칼집에 넣다 **hold alcohol well** 술을 잘 마시다, 술이 세다 **spread in glorious panorama** 장관으로 펼쳐지다, 장엄한 파노라마로 펼쳐지다 **tablet** 판, 현판

Chapter 54　319

From the river-side hills the rain clears off,
And the black clouds roll away,
And this is the place of joy and mirth
And never can sorrow stay.
And here two heroes of ages past
Decided their parts to play,
And the lofty heights flung back wind and wave
Then, as they do today.

They stood both entranced by the beautiful scene. And gradually along the vast river, the wind whipped the waves into snowy foam and raised them high toward heaven. And in the midst of the waves appeared a tiny leaf of a boat riding over the waves as if all was perfect calm.

"The southern people are sailors and the northern men riders; it is quite true," sighed LiuBei.

SunQuan hearing this remark took it as a reproach to his horsemanship. Bidding his servants lead up his steed, he leaped into the saddle and set off, full gallop, down the hill. Then wheeling, he came up again at the same speed.

"So the southerners can't ride, eh?" said he laughing.

> 강가의 산부터 비가 그치고
> 먹구름 점차로 물러 가나니
> 이곳은 환희와 기쁜 장소라
> 슬픔이 머무를 곳이 없구나
> 옛시절 두영웅 여기 있을때
> 각자가 갈길을 굳게 정했고
> 벼랑에 부딪는 바람 파도는
> 그때도 지금도 여전 하다네

　두 사람이 넋을 잃고 아름다운 경치에 빠져 있는데 점차 바람이 거대한 강의 파도를 때리더니 눈처럼 하얀 물거품이 일어나 하늘 높이 치솟았다. 그때 일렁이는 파도 사이로 쪽배 한 척이 나타나 파도를 가르는데 잔잔한 수면을 미끄러지는 듯했다.

　"남방 사람들은 배를 잘 타고 북방 사람들은 말을 잘 탄다더니 과연 그러하오." 유비가 탄식했다.

　이를 자신의 말타는 실력을 폄하하는 말로 받아들인 손권은 하인들에게 말을 내오게 했다. 손권은 안장에 뛰어올라 전속력으로 산 아래로 질주해내려갔다 말머리를 돌려 역시 전속력으로 달려 돌아왔다.

　"이래도 남방 사람들이 말을 못탄다 하겠소?" 손권이 껄껄 웃으며 말했다.

---

39 **clear off** (안개나 비가) 멎다, 그치다 **mirth** 환희, 유쾌함

40 **entrance** …을 넋을 잃을 정도로 황홀하게 하다 **whip A into B** A를 휘저어[때려] B로 만들다 **snowy foam** 눈같은 거품 **a tiny leaf of a boat** 쪽배, 작은 잎사귀 같은 배 **take A as B** A를 B로 받아들이다 **leap into the saddle** 말안장에 뛰어오르다 **wheel** 돌리다, 선회시키다

Not to be outdone, LiuBei lifted the skirts of his robe, jumped upon his horse and repeated the feat. The two steeds stood side by side on the declivity, the riders flourishing their whips and laughing. Thenceforth that hillside was known as the "Slope where the horses stood" and a poem was written about it.

> Their galloping steeds were of noble breed,
> And both of spirit high,
> And the riders two from the hill-crest gazed
> At the river rolling by.
> One of them mastered the far off west,
> One ruled by the eastern sea;
> And the name of the hill to this very day
> Brings back their memory.

41 이에 질세라 유비도 옷자락을 걷어 올리고 말에 올라타더니 손권이 한 그대로 따라 했다. 두 마리의 말이 경사면에 나란히 서게 되자 두 사람은 채찍을 휘두르며 껄껄 웃었다. 이때부터 이 언덕은 주마파(駐馬坡: 말을 세웠던 언덕)라 불렸으며 이런 노래도 만들어졌다.

42
두마리 명마가 내달리니
기개가 살아서 장하구나
두사람 언덕서 굽어보니
강물은 유유히 흐르는데
한명은 서촉을 차지하고
한명은 동오를 통치하니
언덕의 이름은 지금까지
이들의 기억을 떠올리네

41 outdo ~보다 뛰어나다, ~을 능가하다 jump upon one's horse 말에 뛰어오르다 feat 재주, 묘기 declivity 내리막 경사 thenceforth 그때부터 계속

42 be of noble breed 좋은 혈통이다 hill-crest 언덕의 정상[능선]

▎43　　When they rode side by side into NanXu, the people met them with acclamations. LiuBei made his way to the guesthouse and there sought advice from SunQian as to the date of the wedding. SunQian advised, "It should be fixed as early as possible so that no further complications could arise."

So the next day LiuBei went to State Elder Qiao and told him in plain words, "It is clear the people of the place mean harm to me and I can't stay here long. I must return soon."

"Don't be anxious," said State Elder Qiao. "I will tell the Dowager and she will protect you."

He saw the Dowager and she was very angry when she heard the reason for LiuBei's desire to leave.

"Who would dare harm my son-in-law?" cried she.

▎44　　But she made LiuBei move into the library of the palace as a precaution and she chose a day for the celebration of the wedding. But his soldiers couldn't keep guard at the library. LiuBei explained to his hostess and when she understood this, she gave her son-in-law rooms in her own palace so that he might be quite safe.

두 사람이 나란히 말을 타고 남서로 돌아오니 백성들이 환호하며 맞이했다. 유비는 역관으로 돌아가 결혼날짜를 언제로 잡을지 손건에게 물었다. 손건이 대답했다. "가능한 한 빨라야 다른 문제들이 생기지 않습니다."

그래서 이튿날 유비는 교 국로를 찾아가 솔직하게 말했다. "강동의 사람들이 저를 해치려는 게 분명하여 여기에 오래 머물 수 없습니다. 곧 돌아가야 합니다."

"걱정하지 마시오." 교 국로가 말했다. "내가 오 국태께 말씀드리면 공을 보호해주실 것이오."

교 국로는 오 국태를 찾아갔다. 유비가 떠나려는 이유를 전해 들은 오 국태는 불같이 화를 냈다.

"감히 누가 내 사위를 해친단 말이오?" 오 국태가 외쳤다.

그녀는 유비를 서원(書院)으로 옮겨 만일의 사태에 대비하게 하는 한편 결혼식을 올릴 날짜를 정했다. 그러나 유비의 군사들이 서원에서 호위를 할 수는 없었으므로 유비가 오 국태에게 이를 설명했다. 사정을 이해한 오 국태는 자신의 궁궐에 있는 방들을 유비에게 내줘 유비의 안전은 완벽하게 확보되었다.

---

43 meet A with acclamation A를 환호로 맞이하다　**as to A** A에 관하여　**complication** 복잡한 문제[상황]

LiuBei was very happy and there were fine banquets and the bride and bridegroom duly plighted their troth.

And when it grew late and the guests had gone, LiuBei was ushered through the two lines of red torches to the nuptial apartment. To his extreme surprise, LiuBei found the chambers furnished with spears and swords and banners and flags, while every waiting-maid had girded on a sword.

> Walls hung with spears the bridegroom saw,
> And armed waiting-maids;
> His heart fell back on all its fears
> Of well-laid ambuscades.

What happened will be related in the next chapter.

45　유비는 무척 만족했다. 성대한 연회가 열렸고 신랑과 신부는 정식으로 식을 올렸다.

날이 어두워져 손님들이 돌아간 후 유비가 두 줄로 늘어서 있는 붉은 횃불들을 따라 신방으로 안내되는데 그는 신방이 수많은 창칼과 크고 작은 깃발들로 장식돼 있고 시녀들이 모두 칼을 차고 있는 것을 보고 기겁했다.

창들이 내걸린 벽을본 신랑아
시녀들 역시나 무장을 갖췄네
심장이 공포로 무너져 내리니
매복이 아닐까 두려워 하노라

무슨 일이 벌어질까?

---

45 **plight one's troth** 결혼하다; 약혼하다　**usher** 안내하다　**nuptial apartment** 신방(新房)　**to A's surprise** A가 놀랍게도　**furnished with ~** ~으로 가구[비품]가 갖춰진　**waiting-maid** 시녀　**ambuscade** 매복

10권에서 계속 이어집니다.